Controla tus *emociones* en 30 días

Alcanza la paz y tranquilidad interior

Deborah Smith Pegues

PORTAVOZ

La misión de *Editorial Portavoz* consiste en proporcionar productos de calidad —con integridad y excelencia—, desde una perspectiva bíblica y confiable, que animen a las personas a conocer y servir a Jesucristo.

Título del original: *30 Days to Taming Your Emotions* © 2012 por Deborah Smith Pegues y publicado por Harvest House Publishers, Eugene, Oregon 97402. Traducido con permiso.

Edición en castellano: *Controla tus emociones en 30 días* © 2012 por Editorial Portavoz, filial de Kregel Publications, Grand Rapids, Michigan 49501. Todos los derechos reservados. La obra en castellano es un resumen de la obra original en inglés.

Traducción: Beatriz Fernández

EDITORIAL PORTAVOZ
P.O. Box 2607
Grand Rapids, Michigan 49501 USA
Visítenos en: www.portavoz.com

ISBN 978-0-8254-1842-6 (rústica)
ISBN 978-0-8254-0360-6 (Kindle)
ISBN 978-0-8254-8515-2 (epub)

1 2 3 4 5 / 16 15 14 13 12

Impreso en los Estados Unidos de América
Printed in the United States of America

Dedico este libro a todos mis fieles lectores. Su pasión por aprender y aplicar la Palabra en sus vidas me inspira a llegar a nuevas alturas y mayor profundidad en Dios. Gracias por brindarme esta motivación.

Contenido

Introducción

Julia estaba abrumada con emociones que le dejaban sin fuerzas. Los directivos de la empresa parecían haber pasado por alto a una gran cantidad de ejecutivos jóvenes más cualificados que ella, y le pidieron que presentara una propuesta para uno de los clientes más importantes de la compañía. Ella estaba convencida de que fallar en esta oportunidad significaría el final de su carrera. Esta suposición hizo que perdiera aún más confianza en ella misma. La mañana de la presentación, estaba nerviosa y habló bruscamente con todos los que se cruzaron con ella. Cuando llegó a la sala donde se celebraba la reunión, su actitud entera desprendía negatividad. No hace falta decir que su actuación no resultó ser su mejor momento. Sus emociones le habían controlado a cada paso.

Las emociones son la locomotora de nuestras vidas. Cada decisión que tomamos es impulsada por una emoción positiva o negativa. De hecho, el significado de la raíz etimológica de la palabra emoción es "moverse". Lamentablemente, la mayoría de las personas actúan principalmente impulsadas por sus emociones negativas. En las páginas que siguen, he decidido limitar nuestro enfoque a tres emociones negativas comunes que nos afectan a todos: la inseguridad, el estrés y las actitudes dañinas. Todas ellas implican con frecuencia un estado de la mente que puede descarrilar tu destino y disminuir tu calidad de vida. Pero hay buenas noticias: No tienes por qué estar a merced de tus emociones.

Este libro te explicará cómo reconocer y hacer frente a tus emociones, y tenerlas bajo control. No, no voy a tratar de convertirte en un clon del Sr. Spock, el vulcaniano sin emociones en la serie de televisión *Star Trek*. Las emociones forman parte del ser humano, y el control de las mismas viene al nacer del Espíritu y darle rienda suelta en nuestras vidas.

A lo largo del libro, te pido que mantengas la mente abierta y que estés dispuesto a cambiar. La doctora Caroline Leaf, especialista en aprendizaje, dice: "El comportamiento comienza con un pensamiento. Los pensamientos estimulan las emociones que después traen como resultado actitudes, y finalmente producen comportamiento. Los pensamientos tóxicos producen emociones tóxicas, las cuales a su vez producen actitudes tóxicas, que acaban por acarrear comportamiento tóxico". Pensamientos. Emociones. Actitud. Comportamiento. Sí, podemos controlar cada paso del proceso. ¡Es hora de empezar!

Día 1

Descansa en la Palabra de Dios

*¿Quién es este filisteo incircunciso para que
provoque a los escuadrones del Dios viviente?*

1 Samuel 17:26

Dios desea que sus hijos no estén ansiosos por nada. Quiere que descansemos en su Palabra. Acceder a ese descanso es el reto que todos los problemas nos presentan hoy día, y el que tuvieron los hijos de Israel cuando se enfrentaron al gigante Goliat.

Catorce generaciones antes de la batalla con Goliat, Dios le dio a Abraham su palabra acerca de cómo lo cuidaría. Él prometió: "Bendeciré a los que te bendijeren, y a los que te maldijeren maldeciré" (Génesis 12:3). Posteriormente, cuando Él extendió esta y muchas otras promesas a los descendientes de Abraham, introdujo una disposición clave:

> *Y éste es el pacto que establezco contigo y con tu
> descendencia, y que todos deberán cumplir: Todos
> los varones entre ustedes deberán ser circuncidados.*

Circuncidarán la carne de su prepucio, y ésa será la señal del pacto entre nosotros (Génesis 17:10-11, NVI).

Abraham creyó en las promesas de Dios. También lo hizo David. David sabía que su circuncisión lo convertía en heredero del pacto. Por eso, no pudo evitar sentirse justamente indignado cuando llegó al campo de batalla para llevar provisiones de alimentos y vio a todos los israelitas circuncisos huyendo del gigante. Aparentemente, nadie recordaba que los judíos tenían un pacto con Dios. Se sintió obligado a preguntar: "¿Quién es este filisteo incircunciso, para que provoque a los escuadrones del Dios viviente?" (1 Samuel 17:26).

David estaba en esencia preguntando: "¿Cómo puede este hombre, que no tiene pacto alguno con Dios, siquiera pensar en conquistarnos?". Lamentablemente, al huir del gigante, los israelitas demostraron que no tenían confianza en ese pacto. ¿Puedes identificarte con su modo de actuar? ¿Cuán firme es tu fe en la promesa de Dios de bendecir, proteger, y hacer prosperar a los que están en buena posición con Él? Si continuamos huyendo de los gigantes en nuestras vidas, nunca veremos manifestado el poder de Dios.

Goliat se había mofado de los israelitas durante 40 días antes de que David entrara en escena. Si alguno de los soldados, incluyendo al rey Saúl, su líder, hubiera creído en el pacto, podrían haberse ocupado ellos mismos de Goliat.

Cuando crees en las promesas de Dios, no tienes por qué tolerar a ningún gigante en tu vida. Somos herederos del mismo pacto que Dios hizo con Abraham. "Y si ustedes pertenecen a Cristo, son la descendencia de Abraham y herederos según la promesa" (Gálatas 3:29, NVI). ¿Cuánto tiempo has tolerado al gigante de la inseguridad? ¿Crees que "Dios es poderoso como para hacer que abunde en ustedes *toda* gracia, para que *siempre* y en *toda* circunstancia tengan *todo* lo necesario, y abunde en ustedes *toda* buena obra" (2 Corintios 9:8, RVC, cursivas añadidas)? ¿O has optado por permitir que la inseguridad reine en tu vida y te impida perseguir tus metas o tener relaciones significativas, de confianza? Si no se controla, la inseguridad se convertirá en una fortaleza que influirá en todo lo que hagas.

Demasiados hijos de Dios piensan que la Biblia no es aplicable hoy día, que muchas de sus promesas ya están anticuadas. Están tristemente equivocados. David descansó en una promesa de protección que tenía 14 generaciones de antigüedad, y que sigue firme actualmente. A diferencia de los artículos del supermercado, la Palabra de Dios dura para siempre; no hay fecha de vencimiento en sus promesas. Debemos ser diligentes para ocultarlas en nuestro corazón. Para cada proyecto en el que me embarco, imprimo y memorizo o consulto con frecuencia pasajes de la Biblia que me recuerdan que fuera de Dios no puedo hacer nada, y que Él es fiel para completar cualquier obra que comienza en mí. Para mí, estos pasajes de las Escrituras me quitan el punto de enfoque, el peso y la responsabilidad, y la colocan sobre Él.

Sin embargo, no basta simplemente con memorizar pasajes de las Escrituras. Hay una diferencia entre aprender la Palabra y descansar en ella. Descansar implica que hemos dejado de pensar negativamente; que nuestros pensamientos han dejado de ensayar escenarios del tipo "y si" y han dejado de estar influidos por realidades del presente. Nada es demasiado difícil para Él. Él mismo lo dijo. "He aquí que yo soy Jehová, Dios de toda carne, ¿habrá algo que sea difícil para mí?" (Jeremías 32:27).

La historia de David y Goliat es representativa de muchas de las batallas a las que nos enfrentamos periódicamente: el bien sobre el mal, el poder de Dios sobre la fuerza del hombre, y la fe sobre el miedo. Cualquiera que sea la situación, cuando se asienta el polvo, nos quedamos con una verdad perdurable: podemos descansar en la Palabra de Dios. "Pero los que hemos creído entramos en el reposo, de la manera que [Dios] dijo" (Hebreos 4:3).

Pon por escrito y memoriza la siguiente versión parafraseada y personalizada de 2 Corintios 9:8, tomando nota de las palabras resaltadas.

> *Dios es poderoso como para hacer que abunde en mí toda gracia, para que* siempre *y en* toda *circunstancia tenga* todo *lo necesario, y abunde en mí* toda *buena obra.*

Toma una decisión consciente de descansar en estas palabras en las próximas semanas. Compártelas también con un amigo.

Día 2

Cuida tu cuerpo

*Disciplino mi cuerpo como lo hace un atleta,
lo entreno para que haga lo que debe hacer. De
lo contrario, temo que, después de predicarles
a otros, yo mismo quede descalificado.*

1 Corintios 9:27 (NTV)

El ejercicio físico es un remedio excelente para eliminar el estrés, y resulta crítico para el proceso de norma-
lización del cuerpo tras un evento estresante. Cuando el
cerebro detecta una amenaza o un peligro, libera inmediatamente hormonas que llevan un mensaje urgente a
través del torrente sanguíneo a las glándulas suprarrenales (situadas encima de los riñones). El mensaje viene a
decir: "Preparémonos para resistir o huir". Las glándulas suprarrenales producen un exceso de sustancias químicas del estrés, específicamente cortisol y adrenalina,
y las envía rápidamente al torrente sanguíneo, que las
suministra a otras partes del cuerpo a través de las fibras
nerviosas. El cuerpo reacciona con un aumento de fuerza,
presión sanguínea elevada, y otras ayudas para resistir o
huir. Existen incontables historias de personas que han

demostrado una fuerza extraordinaria en una situación de crisis. Oí acerca de una madre menudita que, nada más y nada menos, levantó la parte trasera del auto para salvar a su niño que había quedado atrapado.

Por supuesto, una crisis no se limita a una amenaza de peligro físico. La posibilidad de perder un trabajo, que se muera un ser querido, o incluso la alegría de un momento feliz pueden ser la causa de que el cerebro ponga al cuerpo en alerta roja. Las glándulas suprarrenales no intentan distinguir entre la excitación positiva o la negativa.

Una vez terminada la crisis, el exceso de hormonas debe disiparse del torrente sanguíneo, y en este proceso juega un papel importante el ejercicio físico. Actividad física hecha con regularidad ayuda a quemar las sustancias químicas que sobran para que el cuerpo vuelva a la normalidad. Imagínate cómo se acumulan si atraviesas un período de estrés continuo día tras día. Ciertos estudios vinculan la acumulación de hormonas de estrés con derrames cerebrales, enfermedades cardíacas, hipertensión arterial, mal funcionamiento de la tiroides, disminución del tejido muscular, obesidad, problemas de memoria y un amplio abanico de trastornos adicionales. De hecho, hay casos de personas que han muerto de un paro cardíaco durante una crisis porque su corazón carecía de la fuerza suficiente para soportar todas las hormonas del estrés que se liberaron al torrente sanguíneo precisamente para preparar el cuerpo para manejar el momento de crisis.

Además del impacto positivo sobre el estrés, la actividad física nos brinda numerosos beneficios adicionales, como son: mejor resistencia a las enfermedades, huesos más resistentes, mayor energía y músculos más fuertes. ¿Cuál es la mejor actividad? El mejor tipo de ejercicio es aquel con el que tú disfrutes más, y el que encuentres más conveniente.

Hay dos razones principales que explican por qué la mayoría de nosotros no seguimos un programa de ejercicio con regularidad. Primero, perdemos interés en la actividad porque no conseguimos mucha satisfacción al hacerla. He asistido a clases de iniciación en casi todos los deportes, y en algunos casos dos o tres veces para un mismo deporte. He hecho patinaje en línea, esquí, natación, golf e incluso he completado el maratón de Los Ángeles, pero nada ha cautivado mi interés. Me gusta sencillamente caminar. Siento gran placer en establecer vínculos con mis amigas mientras caminamos por diferentes parques, o por rutas del vecindario o en paseos en la playa.

En segundo lugar, no solemos hacer una actividad con regularidad si supone demasiado tiempo o esfuerzo. ¿Para qué hacerse socio de un gimnasio en la otra punta de la ciudad si sólo irás dos o tres veces al año? El ejercicio en sí requiere disciplina, así que ¿por qué permitir que una inconveniencia añada incluso más estrés al proceso?

Ya sea una caminata a paso rápido o una clase de ejercicios aeróbicos, casi cualquier actividad física te permitirá desahogarte, te ayudará a desconectarte de aquello que te causa estrés y te mejorará el humor. Además, te relaja y energiza tu cuerpo. El ejercicio tendría que durar como mínimo 30 minutos y realizarse una vez al día al menos cinco días a la semana. Hacer más sería incluso mejor.

Algunos expertos recomiendan que si no es posible aislar 30 minutos seguidos, se pueden aprovechar segmentos de 10 minutos a lo largo del día.

También hay otros beneficios en hacer del ejercicio el centro de tu programa anti-estrés. Las personas que tienen una rutina activa suelen comer mejor, y una dieta saludable ayuda a tu cuerpo a controlar mejor el estrés. Además, el ejercicio físico te ayuda a perder peso, mantener tu peso ideal y sentirte mejor contigo mismo. Sentirse mal con su físico puede constituir en sí un factor de estrés.

Si te resulta imposible encontrar el tiempo necesario para un programa de ejercicio, procura incorporar la actividad a tu estilo de vida. Hace poco, mi médico me sugirió que estacionase mi auto lejos del centro comercial para obligarme a caminar más. Quizá podrías utilizar las escaleras varias veces durante el día, al menos para subir algunos pisos.

El estrés puede producir en tu cuerpo un desgaste tanto a nivel mental como físico. No obstante, un cuerpo sano puede tolerar el estrés mejor que un cuerpo no sano. En 1 Timoteo 4:8, Pablo le recuerda a Timoteo que "aunque el ejercicio físico trae algún provecho, la piedad es útil para todo, ya que incluye una promesa no sólo para la vida presente sino también para la venidera" (NVI).

Haz que tu ejercicio físico se adapte a tu estilo de vida. Lo más importante es no dejar de moverte.

Día 3

Busca la excelencia

Y todo lo que hagan, háganlo de corazón,
como para el Señor y no como para la gente.

Colosenses 3:23 (rvc)

La señora de la limpieza pasó el paño del polvo por los bordes de la pila de libros que había sobre la mesa; sin embargo, no levantó el montón de libros para limpiar el polvo debajo. *Con esto será suficiente* —pensó y siguió adelante con sus tareas.

Por la tarde, cuando el dueño de la casa se sentó a leer, golpeó sin querer el montón de libros, y estos cayeron al suelo. Al empezar a colocarlos de nuevo, se dio cuenta de la capa de polvo que había. "¡Qué difícil es encontrar buena ayuda!" —suspiró con resignación.

Ahí tenemos otra vez un trabajo hecho a medias. Se ha convertido en la norma de nuestra sociedad.

Mientras escribo esto, la anestesia que me pusieron esta mañana para mi operación se está disipando. El hospital donde me realizaron la intervención tiene una nueva gerencia. Cuando entré en el edificio esta mañana, vi algunos carteles en los que se dejaba claro que la excelencia era la nueva norma.

Las actitudes del guardia de seguridad, de los técnicos de rayos X, de las enfermeras, del anestesista que respondió a mis interminables preguntas y de todos los que me encontré demostraron que trataban de conseguir la excelencia en su trabajo y la satisfacción del paciente. ¡Vaya contraste con algunas de las experiencias anteriores en otros hospitales!

¿Buscas la excelencia cuando haces ciertas tareas? Si no es así, piensa en cómo te sentirías tú si aquellos que tienen que servirte no lo hicieran de corazón. ¿Qué te parecería si en el restaurante te sirvieran la comida a medio hacer o la bebida en un vaso no demasiado limpio? ¿Qué pasaría si tu ayudante corrigiera un par de comas a mano sobre el mismo papel en lugar de molestarse en entrar las correcciones y volver a imprimir la carta?

¿Te das cuenta de lo fácil que es ver las cosas cuando piensas en el comportamiento de otra persona?

Ahora fíjate bien en tus propias acciones. ¿Hay actividades, tareas o deberes que tú haces con la mentalidad del "con esto bastará" en tu vida profesional o personal? Por ejemplo, ¿intentas solucionar un problema, aunque tengas que buscar la respuesta fuera de tu sector o no vayas a recibir reconocimiento por el resultado?

Si estás listo para hacer el trabajo bien, las siguientes estrategias pueden ponerte en el buen camino para buscar la excelencia.

Reconoce áreas específicas en las que no seas un modelo de excelencia. Ora para que Dios intervenga en tu manera de pensar y así poder establecer nuevas normas en tu vida.

Busca la excelencia, no el perfeccionismo. El perfeccionismo es la necesidad de sentirte libre de toda culpa.

Cuando tratas de hacerlo pasar por excelencia, te das cuenta de que la gloria es para ti y para tus esfuerzos, y no para Dios. Así que evita esto. La excelencia es hacer todo lo posible por alcanzar un objetivo.

Date cuenta de que la excelencia requiere tiempo y esfuerzo extra. De hecho, excelencia significa que se debe ir más allá de la norma.

Una vez contraté a una contadora que tenía una actitud tan despreocupada que yo temía repasar sus archivos de reconciliación bancaria. Ella dejaba sin comprobar durante meses los cheques de grandes cantidades e incluso los propios depósitos de la compañía. Cuando yo enseñaba Contabilidad en la universidad, me di cuenta de que algunos estudiantes solo aprendían la mecánica de resolución de los problemas, pero no se molestaban en aprender la teoría que llevaba a esa solución. Ellos mismos se ponían en una grave desventaja.

Admito que tengo tendencia a relajarme en determinadas tareas del hogar. Cuando recolocamos cuadros en las paredes, suelo limitarme a colgar un cuadro en el sitio donde estaba el otro con la intención de limpiar el polvo después. Mi esposo, el señor "don Limpio", insiste en limpiar toda la pared y el cristal del cuadro antes de colocarlo en su lugar, lo cual lleva mucho tiempo. Mi objetivo, por supuesto —como el de la mayoría que no buscan la excelencia respecto a cierto asunto—, es acabar con el proyecto y pasar al siguiente.

Evita a las personas con malos hábitos de trabajo o que desdeñan tus esfuerzos por conseguir la excelencia. ¿Consiguen ellos los resultados que deseas?

He trabajado en varios lugares donde el director ejecutivo viajaba mucho o apenas estaba en la oficina. El viejo refrán "Cuando el gato duerme, los ratones bailan" no puede ser más cierto. Algún compañero de trabajo, casi siempre me daba un discurso para decirme que "las compañías ya no son tan leales como antes", "la vida es demasiado corta para trabajar tanto", "hoy es un día muy lindo como para estar aquí encerrado" y una larga lista de excusas para justificar su mala actitud. Yo sencillamente seguía trabajando.

Siempre he tenido que estar en guardia en mi vida personal, en especial como mujer casada. Tengo amigos solteros, o quienes se han rendido en la búsqueda de un compañero para toda la vida, que se mofan de mis esfuerzos por mantener vivo el fuego de mi matrimonio. "Ya le has echado el lazo, ¿para qué te molestas en hacer todo eso?". Ignoro ese tipo de comentarios. Con más de 32 años de matrimonio a nuestras espaldas, Darnell y yo todavía nos lanzamos sobre el enjuague bucal cuando escuchamos que el otro está entrando en el garaje; valoramos el sabor de un beso fresco. Siempre me abre la puerta del auto, a veces a pesar de mis protestas cuando llueve mucho o hace mucho frío y nos apresuramos a meternos en el auto. Hemos cultivado el hábito de hacer todo lo necesario y más para apoyarnos en nuestros esfuerzos mutuos.

Aristóteles dijo: "Somos lo que hacemos día a día; de modo que la excelencia no es un acto, sino un hábito".

Estudia u observa las vidas de las personas que se han destacado en su campo. Aprende sus hábitos y sigue su modelo. Puedes empezar ahora mismo. Piensa en alguien cuya excelencia admires. Identifica uno de sus rasgos de carácter o uno de los hábitos que te gustaría imitar (por ejemplo, mantenerse centrado o perseverar cuando encuentra resistencia). Comprende el modo en que Dios recompensa la excelencia:

> *"Cuando veas alguien que hace bien su trabajo, no lo verás entre gente de baja condición sino que estará en presencia de reyes" (Proverbios 22:29, RVC).*

No toleres la mediocridad de aquellos que están bajo tu autoridad. Esto no significa que debas convertirte en un tirano; más bien quiere decir que debes establecer unas normas altas. También debes tener el valor de imponer consecuencias adecuadas cuando las personas que diriges no cumplen con esos niveles. ¿Cuál será el resultado? Tendrás mayor autoestima y los demás te respetarán.

Haz cada tarea como si te la pidiese Dios y Él fuera a valorar tu forma de llevarla a cabo. "Ojos que no ven, corazón que no siente" no es un dicho aplicable a Dios. Él conoce todas tus actividades. "Y todo lo que hagan, háganlo de corazón, como para el Señor y no como para la gente, porque ya saben que el Señor les dará la herencia como recompensa, pues ustedes sirven a Cristo el Señor" (Colosenses 3:23-24, RVC). Esta es la mejor razón para mantener una ética firme en el trabajo, incluso cuando el jefe no está cerca.

Día 4

Controla tu enojo

Un necio se enoja enseguida, pero una persona
sabia mantiene la calma cuando la insultan.
PROVERBIOS 12:16 (NTV)

Mi amiga Arbra Ezell, una consejera familiar muy espiritual, falleció en 2008, pero sus palabras vivirán mucho tiempo en mi memoria: "El enojo es una emoción secundaria; debes identificar la emoción primaria que la provoca". Estas emociones primarias son las respuestas internas que asignamos a los eventos externos. Emociones como el dolor, la humillación, la decepción, la frustración, no sentirse respetado, sentirse ignorado, despreciado, manipulado, y muchas otras emociones.

¿No sería genial poder simplemente eliminar nuestra respuesta emocional ante un suceso negativo? Por ejemplo, supongamos que hace varios meses hiciste planes para la celebración de tu aniversario de bodas con un grupo selecto de parejas. Has comprado entradas de teatro para los ocho como expresión de tu aprecio por la amistad que los une desde hace tiempo. Has hecho ya las reservas para la cena de antes de la obra, y estás deseando que llegue el momento de la celebración.

El día anterior a tu aniversario, la pareja X te llama por teléfono, y te dice que unos amigos suyos han llegado inesperadamente y preguntan si pueden invitar a esta pareja a unirse a la celebración. Inmediatamente asignas la emoción *irritación* a lo que percibes como un suceso negativo. Tu esposo y tú adoran a la pareja X, pero ellos realizan a menudo cambios de última hora en los planes ya establecidos, lo cual con frecuencia resulta frustrante para el resto del grupo.

¿Qué opciones tienes ahora? Podrías decirle a la pareja que estás intentando crear un recuerdo de los amigos más íntimos y que no deseas que una pareja ajena a este grupo se una a ustedes, o puedes acceder a que la pareja venga para más tarde mostrar tu enojo a través de una actitud impaciente con el personal del restaurante, o del teatro o, incluso, con la pareja que no conoces.

Este ejemplo casi inofensivo demuestra lo fácil que es desarrollar una actitud de enojo. No estoy intentando minimizar los daños mucho más serios sufridos a manos de padres poco considerados, cónyuges maltratadores, jefes mezquinos y demás. Si has sufrido daños de ese tipo y nunca les has puesto fin enfrentándote a ellos, es muy probable que hayas desarrollado una actitud de enojo hacia los que te recuerdan el penoso suceso original. Cuando otros observan tu actitud de enojo, a menudo pueden juzgar mal tu comportamiento y distanciarse de ti sin realizar el más mínimo esfuerzo por entender el dolor que sientes.

¿Qué tiene de bueno mantenerse aferrado al enojo? Una persona muy inteligente dijo una vez: "Cada minuto que pasas enojado, pierdes sesenta segundos de felicidad". Cuando estás enojado, esto frustra tu desarrollo personal y profesional. También debes darte cuenta de que cuando acumulas enojo, concedes a todo lo que te lo produce —o el que te lo produce— el control sobre tu actitud. Es hora de volver a tomar el control. Dios quiere que estés en paz. "Desechen todo lo que sea amargura, enojo, ira, gritería, calumnias, y todo tipo de maldad. En vez de eso, sean bondadosos y misericordiosos, y perdónense unos a otros, así como también Dios los perdonó a ustedes en Cristo" (Efesios 4:31-32, RVC).

Las siguientes acciones te ayudarán a poner en práctica la decisión de desprenderte del enojo:

- Reconoce cuál es la emoción primaria que da origen a tu enojo.

- Sé consciente de cómo se manifiesta el enojo (en forma de hosquedad o de blasfemia).

- Controla el impacto del enojo en tu cuerpo inspirando profundamente y espirando con afirmaciones del tipo "Gracias, Padre" o "Recibo tu paz ahora".

- Vigila tu tono y tu lenguaje en todas las comunicaciones, no solo con la persona que te ha molestado. Pide las cosas en lugar de exigirlas. Te sentirás más en control, y los demás estarán más motivados a cooperar contigo.

- Toma la decisión de perdonar. Sabrás que has perdonado cuando ya no desees que tu ofensor sea castigado. No confundas esto con tu sensación de sentirte herido todavía. Las emociones acompañan al comportamiento. Si sigues reabriendo la herida hablando siempre de la ofensa, nunca se sanará. Sigue haciendo lo correcto. Tienes un ayudante: el Espíritu Santo.

- Habla con un consejero si crees que necesitas más refuerzo práctico.

- Evita a las personas vengativas o negativas que te animan a mantener ese viejo comportamiento.

Día 5

Programa tu día

El Señor dirige los pasos de los justos;
se deleita en cada detalle de su vida.

Salmo 37:23 (NTV)

Cada nuevo día nos presenta con 1440 minutos que podemos utilizar a nuestra discreción. A menos que de forma deliberada decidamos cómo invertir ese tiempo, descubriremos que el día ya ha pasado y no hemos realizado las tareas que queríamos completar. La mejor solución para este problema es preparar y seguir una lista bien priorizada de las cosas que tienes que hacer. Debo advertirte de entrada que la lista en sí puede convertirse en una fuente de estrés si la haces demasiado larga. Mi amiga Sandra siempre me recomienda que evite programar más de dos actividades importantes en un mismo día. Por ejemplo, si tengo que llevar a mi madre a una visita con el médico por la tarde, quizá no sería buena idea ir a la peluquería por dos horas o programar otras actividades que precisen tanto tiempo.

Yo utilizo un calendario electrónico y doy prioridad a cada actividad en base a su importancia. En contra de lo que puedan opinar algunos, no toda actividad es de igual importancia. Puedes posponer hasta mañana aquellas actividades insignificantes que te causarían estrés si las tuvieras que hacer hoy. Si no sueles elaborar una lista de las cosas que tienes que hacer, puedes encontrar que acabas dando vueltas todo el día sin un sentido de propósito. Aunque no tengas una agenda electrónica u otro dispositivo electrónico, una lista sencilla escrita a mano te puede dar el mismo sentido de haber logrado tus objetivos al ir tachando actividades realizadas.

Es posible que alguno de mis lectores tenga el mismo problema que yo a la hora de programar el día. Piensas que lo puedes hacer todo a la velocidad de la luz. Como consecuencia, no calculas las posibilidades de que haya interrupciones, que se te pierdan las llaves, o que haya personas a tu alrededor que se muevan a paso de tortuga. En el pasado, esto me había provocado mucho estrés. Rara vez prevenía que podría haber mucho tráfico por causa de algún accidente, de algún carril cerrado, etc. Imagina vivir en Los Ángeles con ese tipo de mentalidad. A veces, en hora punta puedes literalmente leer un periódico en la autopista.

Por supuesto que el problema más grande que solía tener a la hora de hacer mi lista de cosas para hacer era que me olvidaba completamente de mostrársela a Dios. La preparaba la noche anterior y la imprimía para poder tenerla a mano a primera hora de la mañana. Me viene a la mente una frase del himno "Oh, qué amigo nos es Cristo", que dice: "¿Vive el hombre desprovisto de paz, gozo y bendición? Esto es porque no llevamos todo a

Dios en oración". De forma muy real estaba renunciando a mi derecho a la paz de Dios al no dejarle aprobar, por así decirlo, mi agenda. Lo que he aprendido a hacer ahora es elaborar la lista y mostrársela al Señor, diciéndole: "Señor, esto es lo que tengo planeado para hoy. No obstante, no se haga mi voluntad, sino la tuya".

En algunos casos he abandonado la agenda por completo para dedicar el día a ministrar a una amiga, y el mundo no se ha venido abajo.

A la hora de elaborar la agenda, no programes demasiadas cosas para el mismo bloque de tiempo. Los estudios han vinculado la realización crónica de varias tareas a la vez bajo un alto nivel de tensión con la pérdida de memoria a corto plazo. Además, los expertos han determinado que hacer varias tareas al mismo tiempo produce mayor ineficacia porque la concentración que se requiere para realizar cada tarea se ve reducida.

No me cabe duda de que esto es cierto. Solía sentirme orgullosa por mi asombrosa habilidad de realizar múltiples tareas a la vez. Pero no me daba cuenta de que me estaba volviendo loca con tantas pilas de papeles, tantos cajones abiertos y tal caos de proyectos inacabados a mi alrededor. En una ocasión estaba limpiando la casa, hablando por teléfono y cocinando cuando saltó la alarma contra incendios. Había ido al piso de arriba para empezar otro proyecto, pero había dejado una sartén de aceite caliente en el fuego. La sartén estaba en llamas y la casa llena de humo. Me quedé petrificada. Cuando por fin llegaron los bomberos y sacaron el humo, prometí que jamás volvería a hacer varias tareas al mismo tiempo, al menos mientras cocinaba. Darnell desde entonces me ha apodado, jocosamente, su "pirómana despistada".

Al trabajar en casa o en la oficina, oblígate a acabar una tarea antes de empezar otra. De esta forma podrás centrarte al cien por cien en la tarea que te ocupa. He colgado una nota enorme en mi escritorio que me dice: *Termina una tarea a la vez.* Me ayuda enormemente a centrarme y maximizar la productividad.

Finalmente, si crees que tienes que hacer algo productivo todos los minutos del día, es hora de cambiar tu concepto de "productividad". La soledad es productiva. Tomarse un descanso mental mientras esperas en la fila es productivo. Orar por cada miembro de tu familia mientras estás en un atasco de tráfico es productivo. Flexionar y relajar los músculos, memorizar pasajes de la Biblia (yo me los apunto en el dorso de mis tarjetas comerciales), y orar por la salvación de las almas a tu alrededor son todas actividades productivas.

Día 6

Sé flexible

*En cambio, la sabiduría que desciende del cielo es
ante todo pura, y además pacífica, bondadosa, dócil.*

Santiago 3:17 (nvi)

Las personas flexibles son personas felices. Experimentan mucho menos estrés que las personas rígidas que insisten en que las cosas se hagan de acuerdo a una política o de la manera que les parece mejor, sin tolerar el más mínimo cambio. La inflexibilidad resulta tan estresante, en parte porque para alcanzar nuestras metas y objetivos hemos de contar con humanos pensantes que a su vez tienen sus propias ideas brillantes. Si no eres receptivo a nuevas formas de hacer las cosas porque las consideras un rechazo personal de tus propias ideas, necesitas correr hacia el altar y buscar la sanidad de Dios. De lo contrario, estarás en un estado continuo de frustración y estrés.

Cuando trabajé como gerente corporativa, entre los muchos empleados a mi mando había mujeres con hijos. Tuve que hacerme a la idea de que "la vida sucede", y que muchas veces tendrían que llevar a sus bebés al médico, tener reuniones con maestros y realizar muchas otras actividades que interferían con las reuniones de personal que yo había planificado, o con el curso normal de trabajo. Otros empleados necesitaban un ajuste de horas de vez en cuando para atender necesidades familiares o personales. Al principio, me frustraban sus peticiones. Si bien les concedía siempre el tiempo libre que pedían, en mi interior pensaba: *Ese es un problema personal que debería solucionarse fuera del horario de trabajo.* Sin embargo, mi esposo, también gerente corporativo con trabajadores que incluyen madres, adultos con padres dependientes, padres solteros y otros, me persuadió a aceptar el mundo real donde "la vida sucede" y a desarrollar una nueva actitud acerca de estas realidades.

Hace varios años, muchas empresas grandes se dieron cuenta de que si no permitían flexibilidad en las horas y los lugares de trabajo, corrían el peligro de desmoralizar o perder empleados que desempeñaban un papel crucial en los resultados de la empresa. Ahora ofrecen horarios flexibles, trabajo desde casa y muchas otras ventajas diseñadas para hacer del trabajo una experiencia positiva para todos.

Jesús fue un gran ejemplo de flexibilidad, algo que no agradaba mucho a los fariseos, la secta judía que insistía en el cumplimiento estricto de la ley. En cierta ocasión sanó a un ciego en el día de reposo, algo que, para los fariseos, significaba trabajo. "Entonces algunos de los fariseos decían: Ese hombre no procede de Dios, porque no guarda el día de reposo" (Juan 9:16). También permitió que sus discípulos arrancasen espigas de trigo en el día de reposo para comer los granos. Jesús explicó de esta manera su "flexibilidad": "También les dijo: El día de reposo fue hecho por causa del hombre, y no el hombre por causa del día de reposo" (Marcos 2:27). ¿Puedes imaginarte el estrés con el que vivían los fariseos, en su afán por cumplir el más mínimo detalle de la ley?

¿Cuán flexible eres? ¿Eres tan riguroso en casa que tu familia siempre teme violar una de tus infinitas preferencias? ¿Acaso hay solo una forma en que se pueden doblar las toallas? Si hay que cambiar los planes debido a circunstancias inesperadas, ¿te hace salir de tus casillas? ¿O te detienes y consideras que quizá Dios tiene un plan diferente para ese día?

Si quieres ser más flexible, no intentes justificar tu comportamiento bajo el manto de la excelencia. Sí, por supuesto que quieres hacerlo todo de la mejor forma posible, pero procura reconocer cuándo tus acciones dejan de ser excelentes y empiezan a rozar la inflexibilidad perfeccionista que genera estrés, no solo para ti mismo, sino también para los demás.

Ya lo dice el refrán: "La mente de algunas personas es como el cemento, bien mezclado y asentado para siempre". Que no sea este tu testimonio. Relájate. Cede un poco. Procura seguir la corriente. Libera el estrés de la inflexibilidad.

Día 7

No vivas en el pasado

*Si el corazón no nos condena,
tenemos confianza delante de Dios.*

1 Juan 3:21 (nvi)

Somos la suma total de todo lo que experimentamos, lo bueno y lo malo. Podemos tratar de pensar o imaginar con todas nuestras fuerzas que la conducta negativa de nuestro pasado nunca ocurrió, o podemos decidir aceptar la realidad de la experiencia. Cómo elegimos responder al pasado determinará nuestro destino.

Todos pecamos. Cuando lo hacemos, respondemos pidiéndole perdón a Dios y avanzamos con fe en que no repetiremos ese acto, o bien seguimos aferrados a la culpa, siempre recordando con remordimiento que hemos hecho algo malo. La culpa puede causar mucha inseguridad y ansiedad. Los celos de Saúl lo llevaron a querer matar a David, porque Saúl temía que David ocuparía su lugar como rey (1 Samuel 18:8). La inseguridad de Saúl estaba bien fundamentada. Dios ya se había pronunciado en cuanto a que, debido a la desobediencia de Saúl, le quitaría el reinado y se lo daría a otra persona.

Muchas veces cuando sabemos que no hemos hecho lo debido, o hemos sido negligentes en nuestras responsabilidades, desarrollamos un sentimiento de ansiedad acerca de las posibles consecuencias. Por ejemplo, muchos hombres y mujeres están plagados de celos por su propia infidelidad o indiscreciones previas. Viven con gran temor pensando que un día cosecharán lo que han sembrado. Algunos han recurrido incluso al maltrato verbal y físico de su pareja para detener lo que creen que es inevitable. Vamos a reflexionar sobre la historia de alguien a quien llamaremos Sara.

Sara tuvo una aventura amorosa con un hombre casado y ahora vive con el temor acuciante de que su esposo algún día viole sus votos matrimoniales. Ella sospecha de la mayoría de las mujeres que se relacionan con él. Su inseguridad no ha pasado desapercibida para sus amigos y conocidos. Además, puesto que Sara violó la ley de Dios así como su propio sentido de la moralidad, está ansiosa por el castigo que siente que merece. Ella me confesó que esto la mantiene en un estado de ansiedad e inseguridad constante. ¿Cómo puede liberarse Sara de su dilema? Necesita pedir y aceptar el perdón de Dios. Esto suena simple, pero todos sabemos que no es tan fácil.

Se requiere fe para aceptar el perdón de Dios y para liberarnos de la culpa y la condena. Cuando nos arrepentimos, debemos *creer* en su promesa: "Y nunca más me acordaré de sus pecados y de sus transgresiones" (Hebreos 10:17). Dios no recuerda el pecado confesado, así que nosotros tenemos que dejar de revivirlo. Dios no quiere oír hablar de él nunca más. Él aclara: "Y cuando los pecados han sido perdonados, ya no hace falta ofrecer más sacrificios" (v. 18, NTV). Basta con una vez. No hay necesidad de arrepentirse después de la primera vez. Hacerlo es ofrecer otro sacrificio. Demasiadas personas sacrifican el resto de sus vidas en el altar del remordimiento por una única transgresión. Hace unos años, "Eso está muerto" era una expresión popular entre los jóvenes. Lo que querían decir con eso era que el asunto o la situación ya no era de importancia ni tenía consecuencias. Cuando Dios te perdone y el diablo venga a recordarte tus transgresiones pasadas, responde con un grito: "¡Eso está muerto!".

Ha llegado el momento de que Sara deje de mirar por el espejo retrovisor mientras conduce por el camino de la vida. Descubrirá nuevos horizontes, libertad emocional y una relación más fuerte con su esposo cuando se concentre en el amplio parabrisas del futuro. Y no, no es absolutamente necesario que le confiese su indiscreción previa a su esposo. Su decisión de hacerlo debe estar anclada en la oración con una consideración cuidadosa del nivel de madurez espiritual y emocional de su esposo para manejar tal verdad. De otro modo, su confesión podría hacer que él comience a dejar de confiar en ella y, en consecuencia, crearía una nueva serie de problemas.

Hace muchos años, trabajé como vicepresidenta en una empresa grande en la industria del entretenimiento. La compañía estaba a punto de ser adquirida por otra entidad. Sin embargo, me sentí morir cuando me enteré de que la compañía subsidiaria en la que estaba empleada cerraría el siguiente año como parte de una reestructuración corporativa. Ocupaba un cargo importante que incluía una oficina decorada con mucho gusto, y un estupendo paquete de retribuciones tan típico de la industria del entretenimiento. Y además no ansiaba comenzar una búsqueda de empleo.

Los salarios en la industria del entretenimiento en general solían ser mucho más altos en ese momento que en otras industrias. Sabía que sería difícil encontrar un nuevo cargo con beneficios similares, así que comencé a ponerme un poco nerviosa. Lo primero que me preguntó mi marido cuando le dije que mi compañía subsidiaria iba a cerrar fue: "¿Hay algún pecado en tu vida?" (¡Imagínate!). Le aseguré que estaba actualizada respecto a la confesión del pecado. Intento mantener siempre abierta la puerta del arrepentimiento para que mi canal con Dios no tenga obstáculos. Luego, él me aseguró que podíamos relajarnos y creer en la provisión de Dios.

Con la confianza puesta en la promesa de Dios de multiplicar las semillas que habíamos plantado no solo en nuestra iglesia, sino también en las vidas de los demás, y seguros de haber andado en obediencia e integridad respecto a nuestras finanzas, liberé toda ansiedad, es decir, hasta aproximadamente 30 días antes de la fecha designada para el cierre. No había recibido ni una oferta de trabajo, básicamente debido al hecho de que solo les había hablado del tema a algunos conocidos. Un sábado Darnell y yo estábamos en el auto y exclamé con frustración: "Señor, si me desilusionas, se lo voy a contar a todo el mundo". Imagínate, amenazar con arruinar la reputación de Dios. Pasmado por lo que había dicho, Darnell respondió: "Dios, ese es su lado del auto. Por favor no me mates de un golpe". Unas pocas semanas después, una gran empresa me ofreció una posición de alto nivel, ¡con un 20% de aumento! ¡Dios lo había hecho de nuevo!

Debemos hacer todos los esfuerzos posibles para alinear nuestras vidas con los requisitos de Dios. Cuando lo hacemos, eso tiene un gran impacto sobre nuestro sentido de seguridad. "Y el efecto de la justicia será paz; y la labor de la justicia, reposo y seguridad para siempre" (Isaías 32:17).

¿Tienes algún pecado no confesado que te impide caminar con total confianza? Arrepiéntete ahora y acepta el perdón de Dios.

¿Te estás arrepintiendo todavía de un pecado que cometiste hace mucho tiempo? ¿Puedes reposar ahora que sabes que Dios ni siquiera lo recuerda?

Día 8

Vive sin prisas

No saldrán con prisa, como quien corre para
salvar su vida. Pues el Señor irá delante de
ustedes; atrás los protegerá el Dios de Israel.

Isaías 52:12, NTV

Dios estaba a punto de llevar a cabo la liberación de los israelitas, los cuales se encontraban una vez más esclavos de un pueblo enemigo. Les advirtió que no se estresaran por su liberación saliendo apresurados y huyendo por sus vidas. Quería que se tranquilizasen, sabiendo que Él les protegía y les iba a guiar en cada paso del camino, sin caos alguno.

Uno de los males más comunes de nuestro siglo es la obsesión por la prisa. Puedes identificar a los que sufren de esta enfermedad vayas donde vayas. Salen disparados de un carril a otro entre el tráfico a hora punta. Intentan ser los primeros en salir del avión, aunque después tengan que esperar una eternidad hasta que salgan las maletas. Tocan la bocina si no sales como un cohete cuando el semáforo se pone en verde. Hacen tamborilear los dedos sobre la primera superficie que encuentran cuando tienen que esperar. Pulsan el botón del ascensor varias veces para que venga más rápido. Hacen clic-clic con el bolígrafo hasta el punto de volver locos a los que les rodean. Este tipo de persona me recuerda a los picaflores, estos pájaros diminutos que pueden volar hacia delante y detenerse suspendidos en el aire. Sus alas enanas pueden realizar hasta 75 movimientos por segundo. La media de vida del picaflor es de solo tres años. No puedo evitar compararlos con las águilas, que viven una media de 30 años. En vez de tanto aletear, planean. Pueden volar durante horas seguidas, remontando las corrientes de aire. Se han observado estas aves a 3000 metros de altura. Si dejamos las prisas y empezamos a planear con el viento del Espíritu Santo bajo nuestras alas, como el águila, resistiremos mucho más y subiremos mucho más alto de lo que podíamos haber soñado.

Me di cuenta de cómo mis "prisas constantes" estaban afectando a mi familia, cuando me encontraba un día en otra ciudad y llamé para hablar con mi sobrina de cinco años. Cuando mi hermano la llamó para que se pusiera al teléfono, oí que le decía: "¡Date prisa! Es la tía Débora". Lo cierto era que no tenía prisa y había apartado el tiempo para hablar con ella todo el tiempo que ella quisiera. No obstante, me había ganado la reputación de programar cada momento del día, y de tener solo un tiempo limitado para cada actividad. La mayoría de personas creía que, cuando llamaba, necesitaban aligerar la conversación. Me sentí realmente desconcertada, porque sabía que era una reputación que me había ganado a pulso. No cabe duda de que me costaba tratar con personas que hablaban o se movían despacio. Al tratar con ellos, les intentaba meter prisa hablando o moviéndome rápido, con la esperanza de que me imitasen. Solía contestar el teléfono en casa y en el trabajo con un "hola" que daba la impresión de que iba de camino para apagar un incendio. La mayoría de los que llamaban comprendían la indirecta y se apresuraban a ir al grano. Mi esposo me dijo que dejara de contestar el teléfono si no disponía del tiempo para hablar; de lo contrario era realmente desalentador. Algunos amigos confirmaron su evaluación.

¿Has considerado la posibilidad de que tu ritmo pueda causar estrés a los demás? Si eres el tipo de persona impaciente que suele moverse más rápido que la mayoría, es muy posible que hagas que los demás se relacionen contigo a una velocidad que no les resulte cómoda. Para ellos, esto significa estrés. Cabe decir, en tu defensa, que es posible que tu trabajo haya jugado un papel en el desarrollo de este comportamiento. Si te encuentras siempre con prisas y has hecho todo lo posible para arreglar la situación, como tener el número adecuado de empleados, delegar de forma eficaz y gestionar bien el tiempo, puede ser el momento de buscar la voluntad de Dios con respecto a un cambio de trabajo. ¿Vale la pena sacrificar tu vida? ¿Acaso no trabajas precisamente para poder disfrutar de cierta calidad de vida?

Date cuenta de que cada vez que vas con prisas envías una señal de "estado de emergencia" a tu cuerpo, que responde liberando hormonas del estrés, adrenalina y cortisol, que te ponen en estado de alerta para afrontar el peligro. El cuerpo no sabe distinguir entre el peligro físico, el peligro de perder tu trabajo y otros tipos de presión que entren en juego. Solo sabe que se debe realizar algún tipo de acción y te debe dar la energía para poder entrar en movimiento. Desde luego, si estás en verdadero peligro físico, es algo muy bueno; pero vivir con un cuerpo en alerta máxima constantemente es como luchar un torneo de boxeo de 15 asaltos. Tarde o temprano el cuerpo te pasará factura con alguna condición cardíaca, colesterol alto, úlceras, falta de memoria y muchas otras afecciones.

¿Qué solución hay para las "prisas constantes"? Resulta tan simple como el A B C: Atención, Bendición y Cambio. Tienes que estar *atento* a tu constante ritmo acelerado y al control que ejerces en cada momento de prisa. Hazte la siguiente pregunta: ¿Cómo podría haber evitado esta situación? Acepta la *bendición* que supone creer que el Espíritu Santo tiene el poder de darte la victoria si se lo pides, y lo hará. *Cambia* tu comportamiento. Empieza a tomarte la vida con más calma de forma deliberada. Habla más despacio. Muévete más lentamente. Pon atención a este dicho: "De los afanes solo queda el cansancio". El afán produce trabajo duplicado, accidentes y otros peligros que conllevan aún más tiempo perdido.

Sobre la verdad de ese refrán podría dar un sinfín de ejemplos personales, situaciones que abarcan desde encontrar el teléfono inalámbrico en el refrigerador hasta aplastar con el auto la computadora portátil que creía haber puesto dentro del mismo. Además, solía hablar tan deprisa en mis conversaciones con otros, que siempre me pedían que repitiese lo que había dicho. Me resultaba extremadamente frustrante y reprochaba a mi interlocutor en silencio: *Escucha más rápido, ¡tortuga!* Me apunté a una clase de dicción y oratoria diseñada para este tipo de problema. El instructor me hizo leer un pasaje corto en voz alta y de forma muy pausada para pronunciar cada sílaba de cada palabra. La lectura debía extenderse a un determinado número de minutos. Si acababa demasiado pronto, tenía que repetir el ejercicio. Esto me ayudó muchísimo. Si hablas muy rápido, te será de mucha ayuda practicar este ejercicio en casa. Podrías empezar leyendo una página de texto a tu velocidad normal. Anota cuánto tiempo has necesitado. Después intenta tardar el doble en leer el mismo texto. A mí me ayudó grabar mi sesión con una pequeña grabadora. No obstante, a menudo vuelvo a mi costumbre de hablar rápido siempre que me entusiasmo. Cuando tengo que hablar en público, normalmente designo a alguien para que me avise si me acelero demasiado.

No cabe duda de que la decisión de vivir sin prisas mejorará tu calidad de vida. Sin embargo, no lo intentes solo. Dios quiere ayudarte. "¡Quédense quietos y sepan que yo soy Dios!" (Sal. 46:10, NTV).

Día 9

Aumenta tus conocimientos

Mi pueblo fue destruido,
porque le faltó conocimiento.

Oseas 4:6

La gente hace cualquier cosa con tal de evitar parecer que carece de conocimientos. Puede que hayas vivido la experiencia de hablar con alguien y ver en su mirada que no estaba comprendiendo el tema tratado, pero que, en lugar de decirlo, simplemente asentía. Bueno, yo confieso que he hecho lo mismo una que otra vez en mi vida, sabiendo que no tenía idea de qué estaba diciendo la otra persona. ¡Que Dios no permita que parezca una ignorante! Puesto que nunca llegaré a saberlo todo, intento aumentar la autoestima de los demás permitiéndoles que brillen mientras yo aprendo. Me encanta extraer información de las personas sobre sus experiencias en la vida.

Si "el conocimiento es poder", entonces la lógica indica que "la falta de conocimiento es falta de poder". Lo que no sepas te hará daño. Los que cuenten con un conocimiento inadecuado no tendrán el poder de competir por salarios altos ni por ascensos. Este sentido de falta de poder solo aumenta tu sentido de inseguridad.

Las habilidades de supervivencia básica hoy día, y aún más en el futuro, requerirán un conocimiento adecuado en las áreas que van más allá de conocimientos técnicos. Enfrentémoslo. Las personas cada vez con más frecuencia juzgan la inteligencia, la educación, y la capacidad de éxito por lo bien que se habla y por la extensión de nuestro vocabulario. Numerosos estudios han demostrado que hay una correlación directa entre el vocabulario y los niveles de ingresos.

Durante mi carrera en la América corporativa, fui testigo de que hay personas que con menor capacidad técnica les ganan a sus colaboradores debido a su fuerte dominio del idioma. Desarrollar habilidades de comunicación oral y escrita, ya sea a través de clases formales o de estudio propio, es uno de los logros que más fortalecen la confianza. Aumenta el sentido de seguridad de una persona porque sabe que puede sostener lo que dice en cualquier grupo y comunicarlo efectivamente sin tener que buscar las palabras. Obtener habilidades en esta área puede hacerse con facilidad y convenientemente a través de sitios de Internet, calendarios de una palabra por día, cintas y libros.

Caminar con confianza es caminar con fe. De hecho, la palabra *confianza* está compuesta por el prefijo "con" y la raíz "fi", que significa "fe". Es una sensación liberadora saber que podemos caminar con la fe y la convicción de que estamos capacitados por un Dios que lo sabe todo, que es todopoderoso y que está siempre presente.

Sin embargo, ten cuidado por la sobrecarga de información. Es imposible estar al día de todo lo nuevo y de los avances a nivel mundial o incluso local. Todos tienen que encontrar su propia zona de comodidad en cuanto a la cantidad de información que desean adquirir. He tomado una decisión consciente de conocer solo las áreas que se relacionan con mi foco de vida actual o con temas específicos dentro de mi círculo de ocupación. Aparte de eso, he recurrido a leer los titulares y las secciones de opinión del periódico del domingo y a escuchar un canal de televisión que ofrece todas las noticias mientras me estoy vistiendo o cocinando. Me conformo con tener solo el conocimiento suficiente para realizar preguntas razonablemente inteligentes sobre temas que carecen de importancia real para mí. No tengo necesidad de ser una "cabina de información con pies" o de ser un icono de sabiduría en cada tema. ¿Estoy defendiendo la filosofía de que "la ignorancia es una dicha"? Por supuesto que no. Estoy practicando ser lo suficientemente segura como para aprender de los demás. Además, he descubierto que los demás te consideran una persona de conversación chispeante cuando todo lo que has hecho es plantearles preguntas o permitirles hablar de su tema favorito: ellos mismos.

No obstante, produce maravillas en tu confianza poder conversar sobre una amplia gama de temas. Nuevamente, cada persona debe decidir cuánto tiempo quiere invertir en asegurarse una gran base de conocimientos. Si eres el moderador de un programa de debate, un político, o trabajas en cualquier otra profesión donde necesites tomarle el pulso al mundo, entonces profundiza en el material de lectura. Si no, lee los titulares.

Creer que "el conocimiento es poder" es una verdad aún más dinámica en el reino espiritual. La satisfacción de adquirir conocimientos seculares palidece en comparación con la seguridad emocional que se puede alcanzar al conocer a Dios y su Palabra. Proverbios 2:6 es un gran recordatorio: "Porque Jehová da la sabiduría, y de su boca viene el conocimiento y la inteligencia".

Cuanto más conozcas acerca de las promesas de Dios, más confianza tendrás. Incluso si nunca te conviertes en un experto en las habilidades seculares antes mencionadas, aún puedes andar con confianza suprema porque la verdadera confianza se logra conectando con Dios.

Mi oración constante es que Dios mantenga viva la llama de mi apetito por su Palabra. Siguiendo la advertencia de Salomón de "comprar la verdad" (Proverbios 23:23), he invertido en cada recurso de estudio bíblico posible que puedo encontrar, desde software hasta libros y Biblias, para garantizar un acceso completo y una comprensión de la Palabra de Dios.

Daniel nos recuerda que Dios "da la sabiduría a los sabios, y la ciencia a los entendidos. Él revela lo profundo y lo escondido; conoce lo que está en tinieblas; y con él mora la luz" (Daniel 2:21-22). Sí, la "luz", la revelación del conocimiento que necesitamos, por supuesto que le pertenece a Dios. Nunca tenemos que sentirnos inseguros respecto a cualquier aspecto de nuestro conocimiento cuando le conocemos a Él, que lo conoce todo.

¿En qué área de tu vida (por ejemplo: espiritual, vocacional, financiera, social) necesitas aumentar tus conocimientos? ¿Qué recurso usarás para obtener el conocimiento deseado? ¿Cuándo comenzarás? ¿A quién le pedirás que te haga un seguimiento?

Día 10

Acepta a los demás
tal como son

Pero Dios me ha hecho ver que a nadie
debo llamar impuro o inmundo.

Hechos 10:28, nvi

Todos tenemos una o dos cosas que no toleramos. Yo no puedo soportar a las personas que mastican haciendo ruido. Tiendo a evitar a los malos comunicadores que se molestan o se ponen demasiado emotivos cuando alguien no comparte su opinión. Me fastidia que las mujeres no vayan vestidas adecuadamente a la iglesia. Me irrita que los predicadores o los conferencistas pronuncien mal ciertas palabras o cometan errores gramaticales a menudo.

Sí, admito que mi lista puede resultar bastante larga. Este tipo de intolerancias son muy comunes y, la mayor parte de las veces, inofensivas para los demás. En mi caso, son un reflejo de mi poca disposición a extender hacia otros la gracia que Dios me da. He hecho un gran progreso en ello, pero esta área sigue siendo uno de los objetivos hacia los que dirijo mis oraciones con regularidad.

La intolerancia de la que hablamos en este capítulo es algo más problemático para nuestra sociedad y para nuestras almas. Es ese rechazo mezquino y odioso a personas creadas a imagen de Dios simplemente porque han elegido un estilo de vida, una afiliación política en particular, una creencia religiosa y puntos de vista con los que nosotros estamos totalmente en contra. Y sí, el racismo es otra forma de intolerancia.

De entrada, clarifiquemos lo que es y lo que no es tolerancia. La tolerancia no es estar de acuerdo en asumir las diferencias. Es aceptar el derecho que Dios les ha dado a todas las personas, como agentes morales libres, de creer lo que deseen y comportarse de acuerdo con sus creencias, mientras que estas acciones no infrinjan los derechos de los demás o violen las leyes establecidas.

Elegir o no amar y orar por aquellos cuyas creencias y cuyo comportamiento consideramos intolerables es una prueba de nuestra madurez emocional y espiritual. Cuando tales creencias violan los mandamientos o principios bíblicos, nuestra respuesta como hijos de Dios debería ser igual que cuando vemos a un ciego que camina hacia un precipicio. Desdichadamente, hoy día la reacción típica es condenarlo por ir en la dirección equivocada en lugar de compadecerse de él y mostrarle el camino correcto.

De ninguna manera deberíamos ver la compasión como transigencia ni deberíamos acusar a Dios, que ama a los pecadores y odia el pecado, de ser transigente. ¿Por qué no nos limitamos simplemente a emular a nuestro Padre celestial? Esto no impide que protestemos y nos esforcemos para que no se legalicen creencias y estilos de vida que van en contra de las Escrituras o en detrimento de la sociedad. Sin embargo, debemos tener cuidado en no tratar estos temas con actitud intolerante.

Intentaré ser más específica. Se puede ser tolerante con el estilista homosexual de tu centro de belleza sin comprometer tu creencia bíblica de que la homosexualidad es un pecado. Se puede colaborar con los compañeros de trabajo, aunque sean personas que estén a favor del aborto, sin dejar por ello de estar totalmente en desacuerdo con el aborto. Se puede respetar al vecino demócrata sin condenarlo al ostracismo por ser un "liberal a ultranza", aunque uno sea un republicano conservador. Se pueden honrar las manifestaciones emotivas de los cultos de ciertas iglesias carismáticas sin juzgarlos de insustanciales, simplemente porque preferimos un tipo de culto más sutil.

La intolerancia no es buena para la sociedad, como queda patente en los delitos, los disturbios, las guerras y los actos terroristas, y no es buena para nosotros como individuos. Un cierto nivel de agitación y ser algo quisquilloso van unidos a la actitud intolerante. Nos roban nuestro gozo y restan luz a nuestro mundo. Sería bueno que todos prestáramos atención a las palabras de Edwin Cole, quien dijo: "En materia de gustos, mécete con el viento. En materia de principios, sé firme como una roca".

Puedes tomar la decisión ahora mismo de hacer algo con respecto a tu actitud intolerante. Entiende que las intolerancias aparentemente inofensivas, como las comentadas al principio de este capítulo, pueden crear una barrera entre tú y aquellos a los que Dios desea alcanzar.

Pídele al Señor que te muestre cuándo estás intentando forzar a otros a pensar, actuar o creer como tú. Piensa que tu propia forma de pensar puede tener fallos en algunas ocasiones.

Además, cuando te enfrentes a uno de los objetivos de tu intolerancia, sé consciente de tus sentimientos negativos y resístete a ellos de forma consciente. Pídele a Dios que los remplace con el interés y la preocupación por los demás. En el tema de las preferencias (frente a los principios morales), puede que sea necesario que cambies lo que crees.

Así le ocurrió a Pedro. Cuando Cornelio, el gentil, lo invitó a su casa, Pedro era muy reacio a ir. Explicó: "Ustedes saben muy bien que nuestra ley prohíbe que un judío se junte con un extranjero o lo visite. Pero Dios me ha hecho ver que a nadie debo llamar impuro o inmundo." (Hechos 10:28, NVI). Dios estaba eliminando tradiciones arraigadas y abriendo nuevas oportunidades para el evangelio. Pedro continuó: "Ahora comprendo que en realidad para Dios no hay favoritismos, sino que en toda nación él ve con agrado a los que le temen y actúan con justicia" (vv. 34-35, NVI). ¿Podría ser que Dios quiera expandir las fronteras de tu mente para su gloria?

Día 11

Pelea a la manera de Dios

Porque las armas de nuestra milicia
no son carnales, sino poderosas en Dios
para la destrucción de fortalezas.

2 Corintios 10:4

Al rey Saúl le resultaba difícil creer que el joven David podría poner fin al gigante intimidante Goliat. Sin embargo, el rey temeroso vistió a David con su armadura personal en preparación para el encuentro.

> *Y Saúl vistió a David con sus ropas, y puso sobre su cabeza un casco de bronce, y le armó de coraza. Y ciñó David su espada sobre sus vestidos, y probó a andar, porque nunca había hecho la prueba. Y dijo David a Saúl: Yo no puedo andar con esto, porque nunca lo practiqué. Y David echó de sí aquellas cosas (1 Samuel 17:38-39).*

Una de las mejores estrategias que puedes tener cuando te enfrentas a una tarea abrumadora es negarte a usar armas carnales. Un arma carnal es cualquier respuesta o solución que emane de tus tendencias naturales. Se opone a cualquier alternativa piadosa, inspirada por Dios. La carnalidad es la manera en que el mundo hace frente a la problemática de la vida. Ejemplos típicos incluyen mentir para obtener beneficios, buscar vengarse, jugar sucio para salir adelante, y otras conductas de este tipo. David no había "probado" la pesada armadura, pero sí había "probado" el poder de Dios Todopoderoso. No había dudas acerca de qué fuente de poder y protección pensaba utilizar.

"Tú vienes a mí con espada y lanza y jabalina; mas yo vengo a ti en el nombre de Jehová de los ejércitos, el Dios de los escuadrones de Israel, a quien tú has provocado" (1 Samuel 17:45).

David sabía que no podía competir con la fuerza física de Goliat. También sabía que no debía hacerlo.

¿A qué armas o métodos estás acostumbrado al tratar con tus gigantes? Si quieres dominar la inseguridad en tu vida, debes "echar de ti" los métodos mundanos de tratar con ella. El perfeccionismo, la adicción al trabajo, ropas de marca, una casa grande, un auto lujoso, cirugía plástica o conocidos bien relacionados no curan la inseguridad. La esencia de la inseguridad es sentirse "inseguro, incierto o incompetente". Solo puedes estar seguro cuando te conectas con Él, que no tiene deficiencia.

David no dudo en admitir su incapacidad para usar las armas del rey Saúl. La mayor parte de las personas inseguras tienen problemas para ser auténticas. Usan una fachada de confianza hasta que se convierte en una máscara permanente.

Vivir con seguridad requiere una evaluación sincera y una aceptación de tus puntos fuertes y de tus debilidades personales. Si algunas malas decisiones te han llevado a donde te encuentras hoy, así será. No actúes como las víctimas típicas que se niegan a responsabilizarse de sus vidas. Prefieren culpar a otros de sus fracasos y debilidades. Puede que hayan sufrido realmente una injusticia o una pérdida en manos de otra persona. Sin embargo, como un reloj roto, se atascaron en la experiencia.

Las víctimas tienen una perspectiva de estado de resultados en contraposición a una perspectiva de balance. Un estado de resultados es un informe de todos los ingresos y gastos de una entidad durante un período del pasado, tal como un mes, un trimestre o un año. Todo lo que se informa en un estado de resultados representa el pasado. No hay transacciones subsiguientes que puedan cambiar la historia. Lo que se ganó se ganó; lo que se gastó, se gastó. Ahora bien, el balance, por otro lado, informa de los activos y pasivos de una entidad respecto a un punto específico en el tiempo. Como contable, siempre me ha intrigado el hecho de que un balance puede cambiar al día siguiente. Cuando desarrollas una mentalidad de balance, comprendes que tu situación puede cambiar sin tener en cuenta la realidad de tu pasado.

Enfrenta con valentía tus pasivos (debilidades) al tiempo que permaneces consciente del hecho de que en realidad tienes algunos activos (fortalezas). Para llegar a ser emocionalmente seguro, debes tener una evaluación equilibrada de qué aportas y de cuáles son tus defectos. Una persona orgullosa, o alguien que *simula* ser seguro, se concentra solo en sus puntos fuertes y entierra la cabeza en la arena cuando se trata de reconocer sus debilidades. En el otro extremo, la persona insegura está tan concentrada en sus debilidades o dificultades que no ha desarrollado una apreciación de los atributos o cualidades que posee.

Evaluar sinceramente tus fortalezas y tus debilidades es un paso clave para desarrollar la seguridad emocional. Las dificultades y debilidades que tú reconoces pueden ser tu mayor fortaleza. Cuando piensas que solo tienes puntos fuertes, la debilidad que ignoras finalmente acaba disminuyendo o limitando la productividad de tus puntos fuertes.

A continuación te detallo mi evaluación personal. Al leerla, te invito a que hagas tu propia evaluación personal.

Fortalezas:

- Compromiso sincero con Dios

- Valiente al expresar límites

- Buena organizadora

- Practico la integridad en todas las áreas de la vida

- Lucho por la excelencia en todos los asuntos que emprendo

- Cómoda en todos los niveles sociales

- Educación formal

- Respeto a todas las personas

- Buena motivadora
- Hábil en la gestión de conflictos

Debilidades:

- Impaciente con las deficiencias de los demás
- Con frecuencia, hablo demasiado rápido
- A veces soy demasiado directa
- Juzgo a los demás por su productividad
- Doy consejos no solicitados sobre mejoramiento propio
- Propensa a colocar el trabajo por encima de las relaciones

Debes reconocer lo que aportas a la vez que comprendes cómo tus debilidades afectan a tus relaciones cotidianas. Esta es la verdad que te liberará.

David tenía una relación íntima con su Padre. Él sabía que el mero nombre de Dios es una torre fuerte hacia donde corren los justos para su seguridad (Proverbios 8:10). No importa qué gigante enfrentó, como "parte del pacto", la batalla pertenecía al Señor. Él estaba seguro en esa verdad.

Día 12

Trabaja en equipo

Alguien que está solo, puede ser atacado y vencido,
pero si son dos, se ponen de espalda con espalda
y vencen; mejor todavía si son tres, porque
una cuerda triple no se corta fácilmente.

ECLESIASTÉS 4:12 (NTV)

El Llanero Solitario, la Supermujer, Rambo y cualquier otro "fenómeno solitario" ya no son considerados como la solución a un problema insuperable. Lo que se lleva es el trabajo en equipo. Incluso algunos animales practican el poder del trabajo en equipo. Por ejemplo, los leones machos no participan habitualmente de la caza de comida, pero las leonas consiguen hacer el trabajo por medio de un sistema de cooperación. Cazan en grupos o en manadas. La mayor parte del grupo de caza perseguirá a su presa hacia otro grupo que lo está esperando. Luego este grupo corre un poco, salta sobre el blanco y lo mata. Misión cumplida.

Deuteronomio 32:30 habla de uno que persigue a 1000 y de dos que hacen huir a 10.000. La lección a aprender es que dos que trabajan juntos como equipo serán diez veces más efectivos que uno que lo haga solo. Los equipos crean sinergia. La mejor explicación de sinergia es que una mano es más efectiva que cinco dedos trabajando de forma independiente. El cuerpo humano en general es, por mucho, el mejor ejemplo de la verdadera cooperación. No hay ni una sola actividad o función corporal que no requiera la cooperación de otra parte del cuerpo. Pensé mucho en este hecho un día y decidí encontrar alguna actividad que refutara esta teoría. Me dije a mí misma: "Simplemente pensaré, sin mover ni un músculo". Al cabo de segundos me di cuenta de que estaba respirando —una función muy necesaria para que llegue oxígeno al cerebro.

Oí una historia acerca de dos cabras montesas que venían de lados opuestos de la montaña y se encontraron en un estrecho acantilado. Era tan estrecho que solo una podía pasar por él. De un lado estaba la empinada pared de la montaña y del otro, un risco. Las dos cabras estaban enfrentadas, no había lugar para darse la vuelta y era imposible que alguna de ellas diera marcha atrás. ¿Cómo crees que resolvieron el dilema? Si hubieran sido determinadas personas que conozco, hubieran comenzado a darse topetazos, insistiendo en su derecho a pasar hasta que ambas cayeran por el precipicio. Pero, como cuenta la historia, estas cabras ejercieron más sabiduría que eso. La primera cabra decidió recostarse y dejar que la otra literalmente pasara por encima de ella. En consecuencia, cada una reanudó su camino y llegó a su destino. A veces tenemos que ser un poco humildes para alcanzar nuestras metas.

Sé que este concepto desafía nuestra mentalidad moderna de ser el número uno, pero he aprendido la diferencia entre dejar que alguien *pase por encima de* ti en contraposición a *pisarte*. Nunca puedes resultar dañado o estar en desventaja con alguien que *pase por encima de* ti. Nadie puede bloquear tu destino. Ahora bien, solo las personas con baja autoestima permiten que las personas las *pisen*. Pasar por encima de mí no me rebaja ni me pone en una situación de desventaja. La decisión de la primera cabra de humillarse garantizó que alcanzara *su* meta.

En un seminario de formación de equipos al que asistí hace un tiempo, el líder nos advertía constantemente que recordáramos que "ninguno de nosotros es tan inteligente como todos nosotros". No estoy segura de que él fuera el autor de la frase, pero nunca olvidaré la realidad de la misma. La repito con frecuencia.

Si estás intentando formar un equipo, debes tener cuidado, como líder, de no sabotear la efectividad del grupo complaciendo o recompensando a las "estrellas" del equipo. Tanto si suceda algo bueno como malo, todo el equipo debe compartir la gloria o el dolor. En la conmovedora película *Coach Carter* [El entrenador Carter], el entrenador de baloncesto de una escuela secundaria impuso un castigo de entrenamiento físico imposible a un jugador talentoso pero rebelde que había renunciado al equipo porque no quería someterse a las estrictas disciplinas del entrenador. Después de un tiempo, el jugador empezó a extrañar la relación con el grupo y la oportunidad de formar parte de un equipo ganador. Él quiso ingresar de nuevo. El entrenador estuvo de acuerdo en permitirle que participara en el equipo bajo una condición: tenía que completar una cantidad extraordinaria de abdominales y "carreras suicidas" para una fecha determinada. Todos los ejercicios debían hacerse durante el entrenamiento regular del equipo ante los ojos atentos del asistente del entrenador. El último día, el penitente alumno no logró alcanzar su meta. El sabio entrenador le dijo que se fuera.

En ese momento, sucedió una cosa extraña. Uno a uno, cada miembro del equipo, comprendiendo ahora qué significaba trabajar juntos, gradualmente se ofreció como voluntario para cumplir con el requisito. El entrenador, conmovido por su demostración de unidad, lo permitió y el jugador se volvió a unir al equipo. El grupo llegó a lograr un éxito sin precedentes.

Por supuesto, no todos los líderes son como el entrenador Carter. He visto jefes inseguros crear deliberadamente la discordia entre los miembros de su personal. Evidentemente, temían que si los empleados trabajaban en armonía, se unirían en su contra. Está claro que la gerencia no es para personas cobardes ni inseguras. ¿Y tú? En una escala de uno a diez, siendo diez el más alto, ¿cuán bueno eres como jugador de equipo? Piensa en alguna mejora significativa que puedes implementar a partir de hoy.

Día 13

Define tus expectativas

*Pero si no obedecen estas palabras, juro por
mí mismo que este palacio se convertirá en un
montón de ruinas. Yo, el Señor, lo afirmo.*

Jeremías 22:5 (nvi)

Todos tenemos límites, esas líneas relacionales que no queremos que otros las crucen. Algunas personas son muy directas al expresar esos límites, mientras que otras tienen demasiado miedo al rechazo y al alejamiento para comunicarlos. Establecer límites puede ser una empresa arriesgada, y a veces requiere una seguridad emocional real para dar el paso.

Los límites nos ayudan a definir los parámetros de nuestra vida personal y profesional. Muchas personas inseguras, con frecuencia, hacen sacrificios hasta el punto del resentimiento. No debes convertir jamás en hábito sacrificarte a regañadientes o por obligación. Ni siquiera para Dios. El salmista nos advierte: "¡Sirvan al Señor con alegría!" (Salmo 100:2, rvc).

Si quieres acelerar tu crecimiento en el área de fijar límites, debes comenzar de inmediato a decir que no a esas actividades que no te traen gozo y que no encajan con el propósito divino para tu vida. En Lucas 12:14 leemos la historia de un hombre que pide a Jesús que medie en una disputa de bienes entre él y su hermano con respecto a la herencia. Jesús simplemente respondió: "Hombre, ¿quién me ha puesto como juez o mediador entre ustedes?" (Lucas 12:14, rvc). En otras palabras, Jesús decía: "No voy a permitir que me distraigas de mi propósito al involucrarme en algo que no he sido llamado a hacer". Las lecciones adicionales a aprender de este incidente son: 1) Jesús no dio una explicación prolongada respecto a por qué Él no podía complacerlos, y 2) no dijo que no estaba disponible *en ese momento*. Tal respuesta deja siempre la puerta abierta para una solicitud posterior.

Si estás empezando a desarrollar tu sentido de seguridad, puede que te sientas más cómodo respondiendo a una petición no deseada diciendo: "Lo lamento. Tengo otros compromisos previos". Puedes preguntarte: "¿Y si no tengo ningún compromiso?". Por supuesto que lo tienes. Te has comprometido contigo mismo a dejar de ser manipulado para hacer cosas que no quieres hacer.

Cuando no logramos expresar nuestros límites, las personas no tienen muy claro qué conducta aceptaremos o toleraremos. Queda a su cargo la decisión basándose en sus propias preferencias, conveniencia o caprichos.

Dios nos ha convertido en administradores en tres áreas clave de nuestras vidas, donde las líneas de interacción se vuelven borrosas si no las definimos con claridad:

Nuestro tiempo. El tiempo no discrimina a nadie. Todos tenemos 1440 minutos por día. Si no estructuramos nuestros días de acuerdo a nuestras prioridades deseadas, nos encontraremos constantemente frustrados y preguntándonos a dónde se fue nuestro tiempo. Muchas personas permiten que el caos o la desorganización continúen para evitar ser poco populares con los demás que no aceptan demasiado bien una nueva estructura o un cambio. En uno de mis puestos de gerencia, tuve que abandonar la política de "puertas abiertas" cuando las largas filas y las distracciones me hicieron ineficaz en el trabajo y me trastornaron mucho.

En casa, puesto que mi esposo se levanta temprano, fijo límites al informar a todos mis amigos y familiares que no llamen a casa después de las diez de la noche, a menos que sea una emergencia. Cuando ignoran el límite, tienen que dejar el mensaje en el contestador automático del teléfono.

Nuestro talento. Es personalmente gratificante y eleva tu estima saber que tienes una habilidad o talento que otras personas necesitan y desean. Sin embargo, también puede ser una fuente de frustración cuando otros llegan a la conclusión de que tienen derecho a usar gratuitamente tu talento simplemente porque sí. Al ser contadora pública recibo numerosas llamadas solicitando servicios financieros que podría de hecho aceptar si quisiera trabajar 24 horas al día. Algunos provienen de amigos o parientes que esperan que haga el trabajo gratis. En ocasiones, me ofrezco voluntariamente durante una hora y hago el trabajo. Sin embargo, he descubierto que las personas le dan poco valor a lo que reciben gratis. Por lo tanto, les derivo a profesionales que pueden suplir sus necesidades.

Nuestro dinero. El tema financiero es una de las áreas más desafiantes con respecto a los límites. Las relaciones de larga duración pueden disolverse a causa de una mala transacción. Presta atención a los siguientes consejos sobre cómo establecer límites financieros.

- Habla con tu cónyuge acerca de la cantidad máxima de dinero que cada uno de ustedes puede gastar sin obtener el permiso del otro. Toda cantidad que supere este límite se considerará "importante" y requerirá un acuerdo completo.

- Establece una política general de no prestar dinero a los miembros de la familia. Si decides hacer una excepción a la política, asegúrate de que tu cónyuge esté totalmente de acuerdo. Pon los términos y las fechas de vencimiento por escrito.

- No permitas que tus hijos, tu cónyuge u otra persona sea irresponsable rescatándolo o siendo siempre su red de seguridad. Esta es la mejor estrategia para implementar uno de los principios más eficaces de Dios: sembrar y cosechar las consecuencias de la conducta individual.

Es el momento de dejar el hábito de hacer cada vez más cosas que realmente no quieres hacer, y que detestas cada momento que las haces. La clave consiste en comenzar poco a poco con un tema que consideres que tiene poco riesgo o impacto sobre una determinada relación. Puede ser algo tan sencillo como decidir pagar sólo tu pequeña parte de la cuenta de un restaurante en lugar de dividir la cuenta en partes iguales con amigos o familiares que comieron como si no existiera el mañana.

Cuando nos volvemos lo suficientemente seguros como para establecer nuestros límites personales, también debemos dar un paso más y expresar las consecuencias que estamos dispuestos a poner en práctica cuando alguien los viole. Al fin y al cabo, los límites sin las consecuencias son solo deseos. Los deseos no cambiarán la conducta de nadie hacia nosotros.

¿En qué área de tu vida necesitas establecer un límite? ¿Por qué no lo has hecho? ¿A qué le temes realmente?

Día 14

Libera tu tensión

¡Quédense quietos y sepan que yo soy Dios!
Salmo 46:10 (ntv)

Además de caminar, correr u otras actividades físicas, debemos encontrar maneras de liberar la tensión que acumulamos cuando experimentamos estrés transitorio. A continuación ofrezco varias estrategias que encuentro muy efectivas.

Respira profundo. No sé si te ocurre lo mismo, pero a veces cuando estoy trabajando a toda velocidad o pasa algo que amenaza con estresarme, noto que mi respiración se vuelve superficial. Otras veces parece que literalmente me olvido de respirar. Respirar profundamente puede ser la solución ideal para eliminar la tensión que puedas estar sufriendo. Te relaja porque desacelera tu ritmo cardiaco y circula oxígeno adicional a diversas partes del cuerpo. No estoy segura de cuándo lo aprendí, pero hace años que lo hago. He aquí unas recomendaciones sobre cómo aprovechar esta técnica al máximo. Inhala de forma bastante ruidosa y lenta por la nariz (con la boca cerrada) mientras cuentas hasta diez. Hincha la zona del diafragma como si fuera un globo. Escucha sólo tu propia respiración; debería sonar como el mar. Exhala lentamente por la boca, produciendo un sonido de siseo con los dientes apretados. Vuelve a escuchar sólo tu propia respiración y toma diez segundos para exhalar. Repite el ejercicio de cinco a diez veces al día, según la cantidad de estrés que sientas. Por razones obvias, el ejercicio se debe realizar en privado, pero si ves que necesitas hacerlo inmediatamente, hazlo sin todos los efectos sonoros, en silencio pero de forma profunda. También es un buen ejercicio para cuando te vas a dormir. Cuando lo haces con los efectos sonoros puede ser un método efectivo para desacelerar una mente hiperactiva.

Aprieta una pelota u objeto antiestrés. Vienen en diferentes formas. Tengo uno en forma de teléfono celular, otro en forma de una mini calculadora y otro en forma de pelota de tenis. Para aliviar la tensión, basta con apretar lo más fuerte que puedas. Se pueden encontrar en tiendas de materiales de oficina.

Sopla un silbato. Estuve en una fiesta hace poco y, como parte de la celebración, los invitados recibieron una trompeta de papel que debíamos hacer sonar en ciertos momentos del programa. Dejé mi trompetita en el auto y me olvidé completamente de ella. Poco después, estaba detrás del volante y me irrité tanto con los conductores imprudentes y pésimos que saqué la trompeta del compartimiento de la puerta y la hice sonar con todas mis fuerzas. ¡Qué alivio! Por supuesto que las ventanas estaban subidas y nadie me oyó. Cualquier silbato puede funcionar en estos casos, así que quizá quieras tener uno a mano.

Canta. Cuando Pablo y Silas fueron encarcelados por predicar el evangelio, decidieron cantar. "Pero a medianoche, orando Pablo y Silas, cantaban himnos a Dios; y los presos los oían" (Hechos 16:25). He descubierto que una canción de alabanza me lleva a la misma presencia de Dios e inunda mi alma de paz.

Date un masaje. Aprende tú mismo a masajear las zonas tensas del cuerpo. Si no te resulta fácil llegar a tus hombros y nuca, coloca una pelota de béisbol dentro de una media larga, y apóyate contra ella en la pared mientras sujetas la punta de la media en tu mano. Puedes controlar la intensidad de la presión por cuán fuerte presionas contra la pared. Esto también funciona muy bien en la parte baja de la espalda.

Estas son solo algunas de las estrategias positivas que puedes implementar en vez de tamborilear con los dedos, quejarte y perder el tiempo con otros hábitos poco productivos.

Día 15

Comparte el poder

Desfallecerás del todo, tú, y también este pueblo
que está contigo; porque el trabajo es demasiado
pesado para ti; no podrás hacerlo tú solo.

ÉXODO 18:18

Moisés estaba al borde del agotamiento extremo y no se había dado ni cuenta. Había sacado al pueblo de Israel de la esclavitud en Egipto con gran éxito, y ahora se enfrentaba a la tarea inevitable de tratar con "los problemas del pueblo". Estaba totalmente comprometido a guiarles hasta la Tierra Prometida, y se interesaba por cada uno de ellos y sus problemas. Cada día, desde el alba hasta la puesta de sol, llevaba a cabo la función de consejero y mediador en el desierto, mediando en conflictos, escuchando los problemas de otras personas, e instruyéndoles en las leyes de Dios. Moisés estaba agotado de atender a tantas solicitudes, y al pueblo le impacientaba la lentitud del proceso. Entra en escena Jetro, el suegro de Moisés. Jetro se dio cuenta inmediatamente de que el modelo de pirámide invertida de Moisés, con él debajo intentando soportar toda la presión de los problemas de su pueblo, no era bueno ni para él ni para el pueblo. Advirtió a Moisés de que iba camino a un agotamiento total. Sugirió un plan para delegar algunas de sus tareas de consejero a una jerarquía de jueces asistentes, esta vez con Moisés en la cima de una pirámide corregida, tratando únicamente los problemas que le llegaban a través de la cadena de autoridad. Jetro resumió su consejo a Moisés diciendo: "Si pones esto en práctica y Dios así te lo ordena, podrás aguantar; el pueblo, por su parte, se irá a casa satisfecho" (Éxodo 18:23, NVI).

La respuesta de Moisés muestra de manera clara su humildad y el compromiso que tenía con cumplir su misión, en vez de proteger su ego y su imagen como el libertador y única persona capaz de resolver los problemas. Había llegado el momento de librarse de parte de la presión. "Y oyó Moisés la voz de su suegro, e hizo todo lo que dijo. Escogió Moisés varones de virtud de entre todo Israel, y los puso por jefes sobre el pueblo, sobre mil, sobre ciento, sobre cincuenta, y sobre diez. Y juzgaban al pueblo en todo tiempo; el asunto difícil lo traían a Moisés, y ellos juzgaban todo asunto pequeño" (Éxodo 18:24-26). Fue una buena decisión por parte de Moisés.

¿Delegas de forma efectiva las tareas en tu mundo de responsabilidades? ¿Y en casa? Si tienes hijos pequeños, ¿les asignas tareas adecuadas para su edad? Mi madre trabajaba a menudo fuera de casa y a veces, debido a una enfermedad crónica, estaba postrada en cama. Me enseñó a cocinar para toda la familia de nueve personas cuando yo tenía solo siete años. Me enseñó a hacer galletas caseras, relleno para pollo, y otras recetas a partir de cero. Claro que todavía era una niña y muchas veces daba rienda suelta a la creatividad con el colorante para comidas. No era cosa rara sentarnos a la mesa para comer pan de maíz rojo, ensalada de papas rosa, y otros platos muy coloridos, aunque no por ello menos suculentos.

¿Capacitas y delegas a los demás de forma efectiva en tu puesto de trabajo? Cuando trabajaba con un cargo de alta responsabilidad en una gran corporación, la regla no escrita era que no te ascendían hasta que no hubieses capacitado a alguien para tomar tu lugar. Por ello, lo primero que hacía alguien cuando le ascendían era escoger y capacitar a su sucesor.

Consideremos algunas razones por las que algunos gerentes no delegan:

- Tienen una mentalidad de "abeja obrera" y no comprenden el papel real de la gerencia en potenciar a sus empleados y dirigir sus esfuerzos.

- Sus superegos les han convencido de que son los únicos que pueden realizar el trabajo con el nivel de perfección que ellos mismos requieren.

- Quieren retener toda la autoridad y saben que si delegan responsabilidades a otros también ceden algo de su control.

- Creen que simplemente no tienen tiempo disponible para gastar ofreciendo el apoyo necesario. No se dan cuenta de que si hacen esta inversión inicial en estos temas importantes, dejarán de ser víctimas de los asuntos urgentes.

Veamos ahora si existe esperanza alguna de que, como Moisés, puedas aprender a mejorar tu calidad de vida delegando de forma efectiva. A continuación ofrezco una lista de consejos para aprender a delegar mejor que de seguro funcionarán para ti y reducirán tu nivel de estrés:

- Empieza con las tareas realmente sencillas que actualmente lleves a cabo.

- Escoge a alguien con la capacidad (no solo la voluntad) de realizar la tarea.

- Tómate el tiempo para escribir los procedimientos y repasarlos con la persona escogida.

- Explica por qué la tarea es necesaria, y su importancia dentro del funcionamiento general de las cosas.

- Si la tarea se debe realizar en un plazo determinado, deja muy claro los plazos de entrega.

- Detalla tus demás expectativas.

- Por último, dale seguimiento ocasional a la persona para ver su progreso hasta el punto de estar convencido de que puede realizar la tarea sin tu intervención. Este era para mí un punto débil. Yo suponía que una persona inteligente podía hacerlo todo y hacerlo a tiempo. Le dejaba trabajar sin supervisión hasta la fecha de entrega. Los resultados eran a veces desastrosos. Me daba cuenta, demasiado tarde, que no había quedado claro el plazo o los objetivos del proyecto. Jamás olvidaré el consejo del Obispo Frank Stewart: "La gente no hará lo que *esperas* que hagan, sino lo que *compruebes* que hagan".

Delegar responsabilidades es bueno para todos. Hace que otros se sientan capacitados y valorados y te permite centrarte en asuntos más importantes y simplemente vivir tu vida. He observado que en entornos donde las personas no se sienten capacitadas, tienden a dedicar el tiempo de trabajo a asuntos personales, lo cual perjudica la productividad de todo el departamento.

Creo que la meta de todo gerente debería ser asignar todas sus tareas básicas a sus asistentes y subordinados, dentro de lo posible. No me cabe duda de que el modelo de Jetro todavía funciona.

Día 16

No seas egoísta

Si ayudas al pobre, le prestas
al Señor, ¡y él te lo pagará!
Proverbios 19:17 (NTV)

"Te mereces un descanso hoy".

"Vamos por el número uno".

"¿Qué saco yo de eso?".

Estas expresiones populares representan la actitud de nuestra época. ¿Cómo hemos llegado al punto de estar tan centrados en todo lo que suponga autogratificación, superación personal, autoconocimiento e indulgencia con uno mismo, que cada vez nos preocupan menos las necesidades y el bienestar de los demás?

Todos hemos nacido en el pecado y por lo tanto tenemos un cierto egoísmo inherente. Sin embargo, también se nos *enseña* a ser egoístas. Entonces, ¿quién fue el culpable, el *maestro* en tu vida? ¿Fueron esos padres obsesionados con el trabajo o siempre ausentes que te pusieron pocos o ningún límite porque se sentían culpables por no pasar más tiempo contigo? ¿Los padres indulgentes que querían asegurarse de que disfrutaras de todos los privilegios que a ellos les negaron en la infancia? ¿La ausencia de modelos de comportamiento desinteresados? ¿O fue algún suceso posterior a la infancia, por ejemplo un daño emocional fuerte que te hizo tambalear y a partir del cual decidiste no volver a amar de manera tan incondicional?

¿O quizás estás tan abrumado intentando sobrevivir al día a día que no tienes energía suficiente para pensar en otra cosa que no sean tus propias necesidades? Las causas del egoísmo son interminables; no obstante, no justifican que sea el centro de nuestra vida. Dios espera que todos sus hijos se nieguen a sí mismos y se dediquen a vivir su vida entregados al servicio de los demás.

Pensemos en un hombre al que llamaré Raúl. Aunque dice ser un hijo de Dios, es uno de los hombres más egoístas que he conocido. Prácticamente cualquier actividad en la que participa es por su propio beneficio. Siempre está pensando en las ventajas que puede sacar de cada acto de amabilidad. Realiza gran cantidad de favores para poder luego pedir algo cuando lo necesita. ¿Sacrificarse él? ¡Nunca!

¿Quién le permitió convertirse en un ser tan egoísta? Unos cuantos hermanos bienintencionados que decidieron que él era especial porque era el más pequeño de todos, además de unas cuantas novias desesperadas que no pudieron resistirse a su encanto. Pídele que sacrifique un minuto de su tiempo, incluso para emplearlo en su anciana madre, y él te dará toda una lista de excusas. Su egoísmo está atrincherándose cada vez más. Por raro que parezca, siempre tiene una necesidad apremiante. El egoísmo te mantiene atrapado en la carencia; no llega nada a una mano que está cerrada.

El egoísmo es difícil de eliminar, pero es una fortaleza que debemos conquistar si queremos experimentar la paz y el gozo que da sentido a la vida. Vamos a necesitar mucho apoyo para contrarrestar esta actitud negativa, porque nuestras justificaciones para ser como somos sabotearán nuestro deseo de cambiar. Este es el plan:

- Hazte responsable ante otra persona y dale permiso para controlar tus progresos.

- Busca una oportunidad de emplear tu tiempo y talento en una causa que merezca la pena. Es necesario que te acerques y te involucres para poder entender bien los padecimientos de los demás.

Yo sólo era remotamente consciente de la pobreza en mi país hasta que hice un viaje a los montes Apalaches con World Mission USA [Misión mundial de Estados Unidos], una asociación humanitaria cristiana. Allí conocí a una mujer que nos contó cómo había orado por algo tan básico como un trapeador para limpiar el piso. Esto me rompió el corazón. El impacto no hubiera sido igual de fuerte si simplemente hubiera leído sobre el tema y hubiera hecho una donación. Ver la necesidad con tus propios ojos hace que te vuelvas más comprensivo y enciende tu generosidad.

Deshazte de algo que te gusta de verdad y que preferirías guardar para ti. (Este es un buen reto también para tus hijos). El objetivo es empezar a romper tus ataduras emocionales hacia las cosas. No empieces a almacenar cada vez más cosas para ti. Recuerda el trágico fin del hombre rico del que Jesús habló en su parábola (Lucas 12:16-21), que no pensó en repartir lo que le sobraba de la cosecha con los demás, sino que se jactaba de que iba a edificar graneros más grandes y se dedicaría a comer, beber y ser feliz. Dios se llevó su alma aquel mismo día.

Practica la benevolencia anónima. Déjale a una persona necesitada, por ejemplo un anciano, un estudiante o un padre soltero, un regalo de dinero en un sobre. No pongas tu nombre en él y no se lo digas a nadie. No, no puedes deducir esto de tus impuestos, pero Dios promete devolvértelo, así que puedes esperar que lo haga en el momento adecuado. "Si ayudas al pobre, le prestas al Señor, ¡y él te lo pagará!" (Proverbios 19:17, NTV).

B. C. Forbes, fundador de la revista *Forbes*, dijo sobre el egoísmo: "Nunca he conocido ningún ser humano, humilde o de buena posición, que lamentara, al llegar al final de su vida, haber hecho buenas obras. Pero he conocido a más de un millonario que se ha sentido perseguido por la idea de haber llevado una vida egoísta".

Quiero dejar claro que este llamamiento a dejar de ser egoístas no es un llamamiento a dejar de preocuparse por uno mismo. Debes estar alerta y no sacrificarte por los demás hasta el punto de poner en riesgo tu salud y tu bienestar mental, y convertirte en un resentido por hacerlo. Esto no es lo que quiere Dios. Decir "no" en ocasiones puede ser la respuesta adecuada a una petición. Lo importante es tomar decisiones desde un corazón puro lleno de amor y sabiduría.

Día 17

Camina en humildad

El orgullo va delante de la destrucción,
y la arrogancia antes de la caída.
PROVERBIOS 16:18 (NTV)

Cuando me dirigía hacia el estacionamiento, murmuré: "Hoy finalmente tendré mi oportunidad de brillar". Tras años de hacer análisis detallados, planificar presupuestos y otros trabajos poco gratificantes con poco o ningún reconocimiento, por fin fui invitada por el consejo de administración a una reunión financiera con nuestros socios inversores. El contrato era complicado, y sabía que yo lo entendía mejor que mis colegas varones, razón por la cual seguramente había sido invitada.

Hice copias de la presentación personalmente para evitar cualquier posible error de mi ayudante, y las coloqué con cuidado en el maletín de mi computadora portátil. Comprobé mi apariencia en el espejo de la oficina. Llevaba un traje de seda color crema muy profesional que había podido abotonar sin problemas y me sentía muy orgullosa gracias a mi última dieta con la que había perdido ¡siete kilos!

Ahora, nuestros socios inversores sabrán quién es realmente la cabeza pensante que hay detrás de estos asuntos —pensé. Me invadía el entusiasmo… y el orgullo.

Cuando daba marcha atrás en el estacionamiento, sentí que las ruedas pasaban por encima de algo. Cuando paré para comprobar qué había sucedido, con gran desaliento descubrí que había dejado mi maletín con la computadora portátil detrás del auto y le había pasado las ruedas por encima. El maletín estaba casi completamente plano. Aunque la computadora había quedado intacta de milagro, los papeles estaban totalmente arrugados. Al intentar juntar el contenido del maletín, me manché todo el traje con la suciedad de los neumáticos. No había tiempo para nada excepto para llegar a la reunión. Cuando llegué me sentía tan humillada que elegí una silla en una esquina de la sala y apenas dije nada en toda la reunión. Había pasado de la arrogancia a la humildad en tres minutos.

Este incidente ocurrió hace más de veinte años, y nunca olvidaré la lección que aprendí: "El orgullo va delante de la destrucción, y la arrogancia antes de la caída" (Proverbios 16:18, NTV). Desde entonces, he grabado Juan 15:5 en mi memoria y en mi espíritu: "Ciertamente, yo soy la vid; ustedes son las ramas. Los que permanecen en mí y yo en ellos producirán mucho fruto porque, *separados de mí, no pueden hacer nada*" (NTV, cursivas añadidas). Hago memoria de esto todos los días cuando emprendo cualquier tarea. Creo en ello de todo corazón. Me mantiene emocionalmente con los pies en tierra y espiritualmente equilibrada. No tengo razón para sentirme inadecuada ni tampoco me siento tentada a ser altanera por exceso de confianza en mí misma.

De todas las actitudes destructivas que puedes tener, la altanería es una de las peores. ¿Por qué? Porque Dios la odia (Proverbios 6:16-17). Le robamos su gloria cuando intentamos atribuirnos los méritos de cosas que no habríamos podido lograr sin Él, porque sin Él no podemos lograr nada.

¿Cuál es el objeto de tu orgullo? ¿Tus posesiones? ¿Tu posición social? ¿Tu puesto de trabajo? ¿Los beneficios conseguidos con tu profesión? ¿De verdad crees que has conseguido todo eso por ti mismo? "Porque ¿quién te distingue? ¿O qué tienes que no hayas recibido? Y si lo recibiste, ¿por qué te glorías como si no lo hubieras recibido?" (1 Corintios 4:7).

Una vez que te comprometas a eliminar la altanería de tu vida, utiliza las siguientes estrategias para acelerar tus esfuerzos:

Pídele al Espíritu Santo que cambie tus creencias fundamentales sobre quién eres y lo que puedes hacer. Medita en los pasajes de las Escrituras mencionados antes y permite que formen parte de tu fibra espiritual.

En las conversaciones, centra tu atención en los intereses de los demás y habla menos de ti mismo.

Respeta el valor inherente de cada ser humano sin tener en cuenta su posición social, raza, sexo u otros factores distintivos. Cuando conocí al pastor Rick Warren (autor de *Una vida con propósito*) hace varios años, quedé inmediatamente impresionada por su humildad. A pesar de la hilera de personas que estaban esperando para hablar con él, me dio un fuerte abrazo, me permitió de buen grado hacerme una foto con él y, ante mi petición, oró brevemente por mi libro *Controla tu lengua en 30 días.*

¿Y qué puedes conseguir una vez que empieces a caminar en humildad? Estas son las recompensas:

Amor y admiración. La arrogancia y el orgullo repelen, pero las personas aman y admiran a los que demuestran humildad. Es el rasgo de carácter más admirado en el mundo.

Paz personal. Los que se humillan y se someten al destino que Dios ha dispuesto para ellos no tienen nada que demostrar; no existe la ansiedad que produce la protección de su ego o imagen.

Confianza y respeto. Como los humildes se preocupan por el bien de los demás, las personas respetan sus aportaciones y decisiones, y nunca están bajo sospecha de tener una motivación egoísta.

Día 18

Sé feliz

*Así que, no se preocupen por el día de
mañana, porque el día de mañana traerá
sus propias preocupaciones. ¡Ya bastante
tiene cada día con su propio mal!*

Mateo 6:34 (rvc)

Piensa en el día de mañana como si fuera un hijo
tuyo. No importa con quién estés o qué estés haciendo,
siempre intenta reclamar tu atención. Por supuesto que,
al igual que con tu hijo, es importante para ti y quieres
estar seguro de que serás capaz de cuidarlo. Ignorarlo
sería, pues, imprudente y perjudicial. Pero también es
cierto que, de vez en cuando, necesitas un breve descanso.

Actualmente, todo el mundo vive demasiado distraído. Parece como si nadie supiera cómo disfrutar el
momento o la etapa actual de sus vidas. Esta obsesión
por vivir en dos tiempos a la vez, el presente y el futuro,
puede producir estrés. Estoy haciendo lo posible por ser
una excepción a esta tendencia. Me esmero por estar en
el presente con las personas que en ese momento están
en mi presencia. Si eres como yo, exigente y orientada a

metas fijas, tendrás que hacer un esfuerzo por aprender a ejercer cierta disciplina mental para estar presente con las personas en un entorno dado. Una de las estrategias que suelo utilizar es aislar un bloque de tiempo en el que pueda estar sin pensar en lo que tengo que hacer después. Prefiero esperar a estar con alguien hasta poder dedicarle más que unos pocos minutos, para que la persona en cuestión no se sienta frustrada por mi atención dividida y mi horario apretado. (No utilices esto como una excusa, sino más bien como una prioridad a la hora de planificar tu agenda). Cuando visito a mi madre, dedico al menos un par de horas a cada visita. Salgo con ella a pasear tranquilamente, algo que sirve tanto para frenarme a mí como para ayudarle a ella a hacer ejercicio.

Disfrutar el momento requiere que te centres en la persona o personas con las que estás y en lo que significan para ti. Es bueno hacer preguntas abiertas, a las que tengan que contestar con algo más que un simple sí o no. Escucha atentamente y haz preguntas de seguimiento. Por ejemplo, le puedo preguntar a mi madre: "¿Quién fue tu maestro preferido en la escuela?", seguido de una simple pregunta: "¿Por qué?". Este tipo de diálogo inspira en otros la sensación de que estás presente y te importan sus respuestas. Puede que tus pensamientos se disparen al futuro por un par de segundos, pero vuelve tu enfoque inmediatamente al presente y no pienses en el asunto que te preocupa. Tus asuntos futuros pueden tratarse en otro momento.

Conviértete en tu propio policía del presente cuando estés en una situación social con tu familia. No contestes el teléfono. No aproveches el momento para avanzar trabajo rutinario o mirar tu correo. Tienes prohibido hacer más de una cosa a la vez. Si estás en una boda, reprime los pensamientos sobre el informe que tienes que entregar el lunes. Ora en silencio por los novios. Céntrate, concéntrate y aísla otros pensamientos. Una vez lo aprendas, puedes derivar gran satisfacción de este ejercicio.

Hace poco llevé a mi sobrino de dos años al muelle de Long Beach y disfruté muchísimo viéndole correr y descubrir cosas que yo ya tenía muy vistas. Puse en alerta a mi policía interno y me propuse estar por él, aunque evidentemente con un niño de dos años no tienes otra opción. No admití ni un pensamiento sobre fechas de entrega, charlas que tenía que dar en un futuro inmediato u otros temas que suelen aparecer siempre que estoy con alguien. El rey Salomón advirtió que "es don de Dios que todo hombre coma y beba, y goce el bien de toda su labor" (Eclesiastés 3:13).

Aprender a ser feliz en la etapa actual de tu vida es un desafío aún mayor, sobre todo en lo relacionado con asuntos financieros. Puedes estar tan obsesionado con preparar para el futuro, que pasa el día sin que lo hayas vivido. De forma que, en vez de pensar, preocuparte y cuestionar la idoneidad de tu plan de jubilación, ¿por qué no contratar los servicios de un asesor financiero (merece la pena) para que te explique lo que debes hacer para alcanzar tus metas de jubilación? Una vez entiendas lo que tengas que hacer e implementes el plan, podrás eliminar gran parte de la incertidumbre asociada y centrarte en disfrutar el presente.

Día 19

Busca significancia en Dios

*No te jactes de ti mismo; que
sean otros los que te alaben.*

<small>PROVERBIOS 27:2 (NVI)</small>

¿Estás atrapado en tus propias posesiones? ¿Te has rodeado de cosas que crees que los demás valorarán mucho? Este tipo de comportamiento es típico en las mayoría de las personas inseguras. En muchos casos, no pueden darse el lujo de comprar esas cosas. Para colmo, según su nivel de inseguridad, incluso pueden alardear de estas posesiones. Las personas que alardean de sus logros o posesiones con frecuencia dudan de ser aceptadas por su propio valor personal. Por lo tanto, creen que deben desviar la atención de las personas hacia algo o alguien que están seguros que para los demás será impresionante.

Esa fue la situación de Amán. El rey Asuero lo había nombrado primer ministro, haciendo que Amán fuera el segundo hombre más poderoso de toda Persia. Tenía todo lo que un hombre podría desear: familia, amigos, favores, fama y hasta fortuna. Su ascenso a esta posición próspera, sin embargo, no curó su baja autoestima y su persistente inseguridad. Alardear se convirtió en la norma en sus conversaciones, incluso en su hogar con su familia. Fíjate en la conversación al final del día con su esposa y amigos.

> *Y les refirió Amán las glorias de sus riquezas, y la multitud de sus hijos, y todas las cosas con las que el rey le había engrandecido, y como lo había honrado elevándolo por encima de los príncipes y siervos del rey. Y añadió Amán: También la reina Ester a ninguno hizo venir con el rey al banquete que ella dispuso, sino a mí (Ester 5:11-12).*

Yo. Mí. Mío. Este hombre egocéntrico prosperaba con el reconocimiento y el poder que le daba su posición. He observado el extremo egocentrismo y la falta de naturalidad de los que han vinculado su seguridad interna a sus "cosas". Al igual que Amán, sus conversaciones giran solo en torno a las cosas que les afectan. Tristemente, su jactancia reveló su búsqueda de significancia. Pero la historia se vuelve peor.

El rey Asuero había ordenado que todos se postraran ante la presencia de Amán. Todos. Sin embargo, cuando un judío insignificante, Mardoqueo, se negó a hacerlo, Amán se enojó tanto que comenzó a tramar no solo la muerte de Mardoqueo, sino también la aniquilación de todos los judíos. Decidió hacer un viaje especial al palacio con el fin de obtener el permiso del rey para poner en práctica su plan. Sin embargo, al llegar al palacio no tuvo la oportunidad de hacer su solicitud. El rey tenía un asunto apremiante que necesitaba de la atención de

Amán. Por cosas del destino, Asuero no había podido dormir la noche anterior y había decidido leer algunas de las crónicas de los eventos que habían sucedido durante sus doce años de reinado. Leyó que Mardoqeo realmente le había salvado la vida al sacar a la luz la conspiración de dos hombres que tramaban asesinarlo. El rey nunca había expresado su agradecimiento a Mardoqueo, ni siquiera con una nota. Evidentemente un desacierto burocrático, pero providencial.

El rey le preguntó a Amán qué haría por un hombre a quien deseara honrar, Amán supuso que el rey estaba hablando de él. Así que respondió:

> *Para el varón cuya honra desea el rey, traigan el vestido real de que el rey se viste, y el caballo en que el rey cabalga, y la corona real que está puesta en su cabeza; y den el vestido y el caballo en mano de alguno de los príncipes más nobles del rey, y vistan a aquel varón cuya honra desea el rey, y llévenlo en el caballo por la plaza de la ciudad, y pregonen delante de él: Así se hará al varón cuya honra desea el rey. (Ester 6:7-9).*

En términos actuales, lo que Amán pedía era ser visto llevando puestas las ropas del rey, andando en el automóvil del rey, y acompañado por la compañía del rey. ¡Ah, cuán honrado se sentiría! Imagina todo el alarde que estos atavíos le permitirían.

A Asuero le encantó la idea. "Date prisa, toma el vestido y el caballo, como tú has dicho, y hazlo así con el judío Mardoqueo, que se sienta a la puerta real; no omitas nada de todo lo que has dicho" (Ester 6:10).

¿Qué? ¿Mardoqueo? ¡Amán se sentía mortificado! No se puede describir la humillación que sufrió mientras hacía desfilar a este judío insolente e insubordinado por la plaza de la ciudad pregonando su honra. Luego, corrió a su casa abatido y asqueado. Esta vez, cuando reunió a su esposa y a sus amigos para relatar los eventos del día, no alardeó sobre el inminente banquete privado con el rey y la reina. Los acontecimientos habían sufrido un cambio extraño. Era una señal de que, a la luz de los sucesos presentes, podría tener los días contados.

En el banquete privado que Amán había esperado asistir con muchas ansias, la reina Ester confesó sus raíces judías. Procedió a contarle a su esposo la confabulación de Amán para aniquilar a su pueblo. El rey ordenó que lo colgaran.

Oh, si Amán no hubiera sido tan inseguro como para necesitar el reconocimiento y la admiración de todos. Si tan solo hubiera ignorado a Mardoqueo y se hubiera enfocado en la gente que le había honrado. Si tan solo le hubiera dado un valor intrínseco a su cargo. Si tan solo…

Amán no está solo en su búsqueda de ser importante a través de los adornos externos. Si bien muchas personas inseguras no recurren al alarde de sus posesiones y contactos, con frecuencia invierten enormes cantidades de dinero en prendas de marca y otros atavíos. Dejan caer el nombre de las personas importantes que conocen para darse importancia. Su sentido de no estar a la altura es evidente hasta para un observador casual.

Ten cuidado de no ser muy duro al juzgar a Amán, porque sé que las personas que viven en casas de cristal no deben arrojar piedras. Hace muchos años vinculé mi valía a un Mercedes-Benz convertible de dos asientos realmente hermoso. Era el auto de mis sueños; pero se convirtió en una pesadilla debido a las constantes reparaciones costosas. A pesar de todo, no quería deshacerme del auto. Finalmente, busqué al Señor para que quitara las escamas de mis ojos y me sanara de la inseguridad que estaba en la raíz de mi necesidad de tener este coche. Él respondió a mi oración a través de una factura de reparación ridículamente abultada que totalizaba varios miles de dólares y un ultimátum de mi esposo de que tenía que vender ese auto. Le vendí el auto al mecánico y no volví a conducir un Mercedes durante más de cinco años. Sabía que los Mercedes-Benz eran una buena inversión bajo circunstancias normales, pero creo que Dios permitió que el auto fuera una espina en mis finanzas hasta que llegara al punto en el que no tenía que poseerlo para que la gente supiera lo que yo valía.

¿Qué pasa contigo? ¿Sientes que tienes tan poco valor intrínseco que debes hacer un esfuerzo consciente para que los demás se centren en algún adorno externo que cause impresión? ¿Debes tener el automóvil del rey, el vestido del rey o las compañías del rey para sentirte importante? ¿Te sientes menos seguro sin ellos? ¿Qué persona, posesión o posición has fusionado con tu sentido de la valoración? ¿Cómo verías tu vida sin ella o ello? Pídele a Dios que te dé la gracia para desconectarte emocionalmente de la necesidad de tener a esa persona o a esa cosa y te haga saber más allá de toda sombra de duda que tienes un valor independiente, inherente, simplemente porque Él te creó para un propósito soberano.

Día 20

Ten una perspectiva positiva

Abraham siempre creyó la promesa de Dios
sin vacilar. De hecho, su fe se fortaleció
aún más y así le dio gloria a Dios.

ROMANOS 4:20 (NTV)

Hoy perdí las llaves de mi auto. Fui a un almuerzo en el centro de Los Ángeles y decidí encontrarme con mi amiga Yvonne en su oficina e ir con ella. Después del evento, salí del hotel segura de que llevaba las llaves en mi cartera. Cuando me di cuenta de que las había perdido, estaba particularmente preocupada porque la llave de encendido del auto era el tipo que tenías que pedir al fabricante a un precio exorbitante. Resistí la tentación de sucumbir en una actitud negativa sobre si podría recuperar las llaves o no. Rechacé la imagen mental de tener que escribir el cheque por la llave de recambio. También me recordé a mí misma que Dios era plenamente consciente de que tenía una cita médica crítica en una hora a la que no podía llegar tarde. Sobre todo, Dios sabía muy bien dónde estaban esas llaves; nada se esconde de su conocimiento. Después de buscar, llamar por teléfono y orar, los empleados del hotel encontraron las llaves. Todo acabó bien.

Este incidente puede parecer insignificante en comparación con los problemas que puedes estar sufriendo. Pero el principio de Romanos 8:28 se aplica a cualquier situación: Dios hace que todas las cosas les ayuden a bien a los que le aman y son llamados conforme a su propósito. Él se preocupa igualmente de las llaves perdidas como de los fondos insuficientes, las relaciones difíciles, las enfermedades incurables y cualquier otra dificultad de la vida.

Mantener una mentalidad positiva no solo requiere tener fe, sino también disciplina mental. Aunque creas que Dios tiene el control de tu vida, con frecuencia la realidad de una situación puede sobrecargar tu mente y amenazar con anular tu fe. En momentos así, vale la pena haber desarrollado la costumbre de derribar "argumentos y toda altivez que se levanta contra el conocimiento de Dios, y [llevar] cautivo todo pensamiento a la obediencia a Cristo" (2 Corintios 10:5). Al frenar esos pensamientos negativos, piensa "en todo lo que es verdadero, en todo lo honesto, en todo lo justo, en todo lo puro, en todo lo amable, en todo lo que es digno de alabanza; si hay en ello alguna virtud, si hay algo que admirar, piensen en ello" (Filipenses 4:8, RVC).

Tu actitud en relación a lo que está sucediendo determina la cantidad de estrés que sufres en una situación dada. Si empiezas a decir que estás abrumado, vivirás lo que expresas, porque la fe viene por el oír. Por otro lado, si insistes en que Dios tiene el control y que recibirás la victoria, eso efectivamente será lo que ocurrirá. Empieza a actuar como tu propio "supervisor de actitudes", fijándote en tu reacción frente a las filas largas, el mal tiempo, los parientes insoportables o cualquier otro factor que podría considerarse negativo. No justifiques tu comportamiento. Estar asociado con Cristo implica ser positivo. Es uno de los resultados de estar lleno del Espíritu de Dios. No deberían haber cosas tales como un "cristiano pesimista" más de lo que hay "salsa caliente fría". Lo que somos define lo que hacemos.

Si detectas que tu actitud tiende a decantarse hacia lo negativo, intenta poner en práctica las acciones siguientes para encarrilar tu mentalidad:

- Vigila el tipo de amistades que tienes. Las actitudes son contagiosas.

- Lee con regularidad los milagros de la Biblia y las hazañas de hombres y mujeres de la fe.

- Considera, con mucha oración, un cambio de iglesia si la tuya no enfatiza adecuadamente la vida de fe.

- Reconoce que el pesimismo es un insulto a tu omnipotente Padre. Es un indicio de tu falta de fe en Él para mejorar la situación.

- Considera el impacto de tu actitud sobre tu testimonio cristiano.

Una actitud positiva no solo minimiza los efectos del estrés, sino que también juega un papel directo en cómo el cuerpo hace frente a la enfermedad. Numerosos estudios han demostrado que las personas optimistas diagnosticadas con una enfermedad incurable viven mucho más de lo que los médicos pronostican. "El corazón tranquilo da vida al cuerpo" (Proverbios 14:30, NVI).

Día 21

Aprende a reír

Un corazón alegre es la mejor medicina.
PROVERBIOS 17:22 (RVC)

Me encanta reír. Hasta donde recuerdo, el humor ha sido para mí un elemento clave para aliviar el estrés. De hecho, muchas personas me han dicho que daban por sentado que yo vivía sin problemas, porque siempre me veían tan feliz. No se daban cuenta de que con solo pensar un poco, podría ponerme a llorar cada día por algo. En lugar de centrarme en lo negativo, he tomado una decisión deliberada de tener un corazón alegre.

"Entonces sugiero que se diviertan, ya que en este mundo no hay nada mejor para la gente que comer, beber y disfrutar de la vida. De ese modo, tendrán algo de felicidad junto con todo el arduo trabajo que Dios les da bajo el sol" (Eclesiastés 8:15, NTV). Deberíamos tomar en serio estas palabras del rey Salomón.

El impacto de la risa sobre el estrés está bien documentado. Los estudios demuestran que la risa hace disminuir la presión sanguínea y reduce la hipertensión. Reduce las hormonas del estrés y limpia los pulmones y los tejidos del cuerpo del aire viejo acumulado, ya que cuando reímos, el cuerpo exhala más aire del que inhala. Además, incrementa las funciones inmunes del cuerpo. Aparte de todos estos beneficios, la risa activa la liberación de endorfinas, esas sustancias del cerebro que nos hacen sentir alegría y euforia. Es la misma sustancia química que se libera cuando un deportista corre prolongadamente y siente ese "subidón" del atleta.

Ser feliz es una decisión personal. Nadie puede forzar a otra persona a ser alegre con simplemente decírselo. Cuando los israelitas, debido a su desobediencia, fueron llevados cautivos por los babilonios, perdieron todo deseo de tocar sus instrumentos musicales. "Sobre los sauces de la ciudad colgamos nuestras arpas. Los que nos capturaron, nos pedían que cantáramos. Nuestros opresores nos pedían estar contentos. Decían: ¡Canten algunos de sus cánticos de Sión!'" (Salmo 137:2-3, RVC). Tu capacidad de reírte y de estar alegre es, muchas veces, un buen indicador de dónde estás en tu relación con Dios. Los israelitas habían perdido su conexión con Dios. "¿Y cómo podríamos cantarle al Señor en un país extranjero?" (Salmo 137:4, RVC). Tu estilo de vida estresante puede llevarte tan lejos de Dios que hasta puedes sentir que estás espiritualmente en una tierra extraña, incapaz de reír y alegrarte de las cosas que antes te hacían feliz.

Estamos rodeados de situaciones cómicas todos los días. Solo tenemos que estar alerta y no ignorarlas. Debemos aprovechar cada oportunidad que tengamos para soltar una buena carcajada. Recuerdo una mañana en que Darnell y yo nos tomamos de la mano para orar, y él comenzó diciendo: "Padre, venimos ante tu grono de tracia…". Me dio tanta risa que no pude concentrarme en la oración. Él no quiso hacer una pausa para permitirme recobrar la compostura; siguió orando y yo seguí riéndome. Le pregunté más tarde por qué no se detuvo, y me respondió: "¡No iba a darle una victoria al diablo!". Hasta el día de hoy nos reímos de aquel incidente.

Intercambia chistes con tus amigos. Deja que la gente sepa que disfrutas de una buena carcajada. No te dé vergüenza contar tus momentos más embarazosos (que prevalezca el buen gusto en este aspecto). Ríete de tus errores, especialmente en el trabajo. Desecha esa imagen de *Superman* o *Superwoman*, y empieza a divertirte. Esto no implica que rebajes tus niveles de calidad; más bien indica que reconoces tu propia humanidad y la de los que te rodean. Así que, a divertirse. Sé comprensivo. Cuando otros imitan tus peculiaridades, presta atención y ríete. Puede ser una experiencia iluminadora para comprender algunas de tus excentricidades.

Debo advertirte que tengas cuidado con burlarte de los demás. No es sabio reírse a expensas de otra persona convirtiéndola en el centro del chiste. Algunas personas son extremadamente sensibles e inseguras, así que tenlo en cuenta y dirígete hacia personas más amigas de la diversión.

No permitas que las presiones de la vida y las circunstancias negativas apaguen tu sentido del humor. La risa refleja emociones positivas y hace que sea mucho más divertido estar contigo. A nadie le gusta un aguafiestas. La risa sirve también para apartar la mente de aquello que te está estresando. Ríe a menudo, porque "el gozo del Señor es nuestra fuerza" (Nehemías 8:10, RVC).

Día 22

No critiques a los demás

Dios bendice a los compasivos, porque
serán tratados con compasión.

Mateo 5:7 (NTV)

Cuando Daniela entró en la iglesia, el ujier le entregó un folleto en forma de tríptico con las oraciones y afirmaciones que había preparado el pastor José. Era un gran maestro, y la información seguramente resultaría útil en las semanas siguientes. Sin embargo, la única cosa en la que Daniela se podía centrar era en que el folleto se abría hacia dentro en lugar de hacia afuera.

¿Qué incompetente hizo esto? —pensaba ella mientras el ujier la conducía hacia su asiento. Cuando se sentó, procedió a doblar el folleto correctamente; de la forma en la que se "supone" que deben doblarse los folletos. Por supuesto, eso estropeó la secuencia de páginas. Ella sacó un bolígrafo y las numeró de nuevo. Anotó mentalmente que debía comentarle esto al personal de la iglesia para que no volviese a suceder.

El grupo de alabanza ya había empezado a cantar el himno de la mañana. Daniela notó inmediatamente que la ropa de algunas de las mujeres del equipo de alabanza no era muy favorecedora y que el largo de sus faldas era inadecuado. *Tendrían que llevar uniformes —pensó—. Su aspecto distrae mucho.*

Tras lo que para Daniela fueron unos anuncios innecesarios y una pérdida de tiempo, el pastor José finalmente se acercó al púlpito y comenzó su mensaje. En unos minutos, el micrófono empezó a chirriar y al final se quedó mudo. Esto ocurría con demasiada frecuencia los domingos por la mañana. *Señor —pensó Daniela—, ¿cuándo van a arreglar ese sistema de sonido?*

El culto terminó, y Daniela se fue pensando que todo había sido una pérdida de tiempo. A pesar de los importantes principios que había enseñado el pastor José, ella no había conseguido conectarse con Dios aquel día. Aunque no verbalizó sus observaciones, la actitud de Daniela de criticarlo todo había saboteado su experiencia.

Me puedo identificar con Daniela porque a veces tiendo a juzgar las malas decisiones de los demás o sus defectos o ineficacia. Parece difícil pasar por alto un comportamiento que no se ajuste a lo que yo creo que debería hacerse para reflejar la excelencia. Estoy intentando eliminar esta actitud de mi vida.

Una actitud crítica tiene al menos tres consecuencias negativas.

En primer lugar, es un pecado. Cuando Aarón y María, los hermanos de Moisés, le criticaron por casarse con una mujer etíope, Dios los juzgó haciendo que María contrajera lepra, la enfermedad más temida de aquellos días, que la convirtió de inmediato en una marginada social. Aarón se arrepintió rápidamente. "Y dijo Aarón a Moisés: ¡Ah! señor mío, no pongas ahora sobre nosotros este pecado; porque locamente hemos actuado, y hemos pecado" (Números 12:11). Moisés oró para que Dios curara a María, y Dios respondió rápidamente a sus oraciones.

En segundo lugar, nuestro pecado de tener una actitud crítica puede aislarnos de nuestras relaciones más queridas. Incluso después de ser curada de la lepra, el Señor decretó que se quedara avergonzada durante siete días (Números 12:14). La expulsaron del campamento, lejos de toda compañía humana. Las leyes respecto a los leprosos exigían esta separación. Un espíritu crítico es una lepra relacional, y puede que los demás nos traten de acuerdo con ella.

Cuando mi sobrina de 11 años me envió un correo electrónico, yo estaba encantada; sin embargo, contenía varios errores gramaticales y ortográficos. Me tomé la libertad de corregirlos y enviarle las correcciones. Le dije que quería que nuestros correos electrónicos se convirtieran en una experiencia educativa para ella. No he vuelto a recibir uno desde entonces. No soy tan inocente como para no darme cuenta del porqué. Las personas aceptan a aquellos que las aceptan tal como son; nadie disfruta estando constantemente bajo el ojo crítico de otra persona. Esto no significa que no debamos hacer aportaciones constructivas. Sin embargo, tenemos que optar más por la reafirmación y el ánimo, y tratar solo aquellos asuntos que son realmente importantes.

En tercer lugar, una actitud crítica retrasa nuestro

progreso y el de aquellos que pertenecen a nuestro círculo de interacción. El aislamiento de María logró que todo el pueblo detuviera su marcha hacia la tierra prometida. "Así María fue echada del campamento siete días; y el pueblo no pasó delante hasta que se reunió María con ellos" (Números 12:15).

¿Has formado parte alguna vez de una organización en la que una persona que siempre busca los fallos haya acabado por destruir la eficacia y el progreso de todo el grupo? ¿Y qué pasa con esos padres o esos cónyuges que son tan críticos con el hijo o con su pareja que estos son incapaces de desarrollar las habilidades necesarias para enfrentarse a la vida?

Si eres tú la persona crítica, trata de identificar la raíz del problema que causa tu comportamiento e intenta eliminarlo de tu vida. ¿Qué nos hace ser críticos? El espíritu crítico es un comportamiento que se aprende. Aquí hay algunas de las razones de por qué la gente tiene un espíritu crítico:

Muchas personas críticas fueron educadas por padres u otras personas que no sabían cómo reafirmar a los demás, así que nunca tuvieron un modelo positivo. Algunos padres creen erróneamente que ser críticos hace que los hijos tengan más éxito en la vida.

A veces, debido a los dones únicos que poseemos o a la experiencia, no nos detenemos a pensar que estos son únicos para nosotros, y nos han sido concedidos por la gracia de Dios. Por lo tanto, esperamos erróneamente que todo el mundo llegue a nuestro nivel.

El orgullo y la arrogancia por los éxitos conseguidos

pueden también llevarnos a creer que sabemos lo que es mejor para cada ocasión; abajo con los "idiotas" que no hacen las cosas a "nuestra" manera.

Nuestra ira no resuelta y nuestro dolor por incidentes pasados (o la envidia sin más) pueden hacer que guardemos resentimiento hacia alguien y que aprovechemos cualquier oportunidad para desacreditar su imagen a los ojos de los demás.

Por último, un espíritu crítico es a menudo un intento inconsciente de ocultar nuestros fallos y defectos echando una luz negativa sobre los demás. Te reto a que te detengas ahora mismo y pienses en la persona, el grupo o la organización con la que eres más crítica y ante quien los criticas. ¿Estás intentando crecer ante sus ojos?

La solución

Aprende lo que la Palabra de Dios dice sobre el espíritu crítico: "No juzguen a los demás, y no serán juzgados. Pues serán tratados de la misma forma en que traten a los demás. El criterio que usen para juzgar a otros es el criterio con el que se les juzgará a ustedes" (Mateo 7:1-2, NTV). ¿Realmente quieres cosechar las consecuencias de plantar tal semilla de negatividad?

Reconoce y arrepiéntete del pecado de juzgar o encontrar fallos en los demás. Si este es un hábito dentro de tu familia, toma la determinación de que, con el poder del Espíritu Santo, esta tendencia acabe en ti.

Busca cualidades admirables en aquellos a los que criticas, especialmente cualidades que puede que tú no poseas. Una vez tuve un cliente que tenía un empleado cuya forma de actuar yo siempre criticaba. Cuando empecé a buscar sus buenas cualidades, me di cuenta de que tenía un espíritu abierto a aprender y que reconocía rápidamente sus errores; muy distinto a mi tendencia a racionalizar mis errores y a echar la culpa a los demás. También reflexioné si en realidad no estaría intentando inconscientemente potenciar mi imagen de "Supermujer" a los ojos de mi cliente.

Comprométete a ofrecer a otros la gracia y la misericordia que Dios te ofrece a diario. "Dios bendice a los compasivos, porque serán tratados con compasión" (Mateo 5:7, NTV).

Día 23

Acepta tu individualidad

Hay quien considera que un día tiene
más importancia que otro, pero hay quien
considera iguales todos los días. Cada uno
debe estar firme en sus propias opiniones.

ROMANOS 14:5 (NVI)

Me gusta cada uno de los ingredientes del jugo de verduras: tomates, zanahorias, apio, remolacha, perejil, lechuga, berros y espinacas. Sin embargo, casi no puedo soportar beber ni siquiera el mínimo sorbo de esta mezcla saludable. Por otro lado, si me ofrecen estos mismos ingredientes en forma de ensalada, es probable que pida un segundo plato. ¿Dónde está la diferencia? ¡En la individualidad! En el jugo de verduras, todas han sido mezcladas y han perdido su distinción. Mientras que en la ensalada, están en el mismo plato pero han mantenido su sabor individual. Lo mismo ocurre con las personas emocionalmente seguras. Se sienten cómodas manteniendo su singularidad al tiempo que trabajan en armonía con los que son diferentes.

Algunas personas sienten un verdadero temor de aceptar su individualidad. Preferirían vivir de acuerdo con el "instinto de rebaño". Todas sus acciones están determinadas por la conducta del grupo. El temor a ser juzgado o rechazado por ser diferente es demasiado grande. No le ocurre eso a las personas emocionalmente seguras. Ellas no sienten la presión de imitar el estilo de otra persona u otro aspecto de su ser.

Las mujeres son famosas por resistirse a la individualidad. Cuando he participado en actividades en el exterior con otras mujeres, invariablemente recibo una llamada preguntándome qué pienso vestir, a pesar del hecho de que la invitación oficial al evento o de la naturaleza de la salida en sí diera claras indicaciones de qué era lo apropiado. "¿Te pondrás un vestido o pantalones?". Sé que las mujeres en general han sido socializadas para formar parte de un grupo, pero encuentro pocas cosas más agradables que una mujer que se siente relajada y cómoda con sus propias elecciones.

El apóstol Pablo fue un modelo de individualidad. Nunca intentó emular a los otros discípulos que habían gozado de una estrecha relación con Jesús. De hecho, cuando Dios cautivó su corazón y lo llamó a predicar a los gentiles, él no solicitó ninguna sugerencia ni truco de los discípulos más experimentados que tenían práctica en ello y habían andado con Jesús a diario. Piensa en su testimonio:

> *Cuando él tuvo a bien revelarme a su Hijo para que yo lo predicara entre los gentiles, no consulté con nadie. Tampoco subí a Jerusalén para ver a los que eran apóstoles antes que yo, sino que fui de inmediato a Arabia, de donde luego regresé a Damasco. Después*

de tres años, subí a Jerusalén para visitar a Pedro, y
me quedé con él quince días (Gálatas 1:15-18, NVI).

Si bien Pablo no podía alardear de haber tenido una
relación terrenal con Jesús, no sentía que no tuviera algo
que aportar, incluso a la luz del hecho de que había perseguido y matado a muchos cristianos. No iba a permitir
que su pasado negativo le hiciera sentir incompetente o
indigno de su tarea divina. Incluso se sintió lo suficientemente confiado como para regañar a Pedro por su
hipocresía al comer y comulgar con los gentiles y luego
ignorarlos cuando llegaban los judíos (ver Gálatas 2).
¿Puedes imaginarte a este recién llegado regañando al
gran pilar de la iglesia que tenía tanto poder que hasta
su sombra había sanado a personas? Vaya, tendrías que
ser el rey de la confianza para hacer eso.

Las personas emocionalmente seguras no solo tienen el valor de ejercer su singularidad, sino que también
apoyan el derecho de otro individuo a ser diferente. No
insisten en el cumplimiento de las normas rígidas que
solo tienen como base la tradición o las preferencias personales. No obstante, aceptar la individualidad de la otra
persona no significa que deba aceptarse la inmoralidad.

Las personas emocionalmente seguras no creen que
diferente signifique inferior o superior. No juzgan a los
que visten diferente. Solo para que conste, no apruebo
vestimentas raras ni atavíos extraños que deshonran a
Dios. Estoy promoviendo una mentalidad de amor y
aceptación que trascienda la mera apariencia física.

Las personas emocionalmente seguras no requieren
que los demás acepten sin cuestionamientos sus ideas u

opiniones, especialmente si se trata de asuntos no esenciales. Tengo dos amigas que emprendieron cada una su camino porque tenían opiniones diferentes acerca de la justicia de un veredicto dado en un asesinato de alto perfil. ¿Qué es lo que pasó con respetar la opinión del otro? Dicho sea de paso, si luchas en contra de que los demás tengan su opinión, una pregunta clave para hacerte a ti mismo es: "¿La postura de esta persona sobre este asunto influirá negativamente en mi vida?". De no ser así, respeta su opinión y sigue adelante. Si el asunto tiene consecuencias eternas —y la mayoría de los asuntos no las tienen— ore porque Dios le lleve (o tal vez a ti) hacia la luz de la verdad.

Las personas emocionalmente seguras saben cómo apreciar a alguien "tal como es". Se dan cuenta de que si los demás hacen "zig" donde ellos hacen "zag", se producirá una imagen completa en lugar de un rompecabezas no resuelto. Aceptar a los demás "tal como son" es a veces un reto para mí porque suelo tener bastantes "reglas" sociales, tales como "no besar sonoramente", "no usar zapatos blancos después del verano", "no hablar en voz muy alta en público", y demás. Con frecuencia debo recordarme que aunque estas puedan ser las reglas de la etiqueta, tengo que aceptar el hecho de que otras personas eligen no cumplirlas.

Muchas mujeres han espantado o han perdido buenas parejas por insistir en amoldarlas a su imagen tallada. Le advertiría a cualquier hombre o mujer que decidiera si él o ella pueden aceptar verdaderamente a una pareja potencial "tal como es". Es casi una paradoja universal que cuando una persona sabe que es aceptada incondicionalmente, luego desea cambiar para demostrar su aprecio por tal aceptación. Si estás buscando la perfección, detente. Siempre te eludirá.

¿Hay algún área de tu vida en que temas ser tú mismo? ¿Por qué no das un pequeño paso y ejerces deliberadamente tu individualidad durante la semana próxima? Además, la próxima vez que alguien exprese una opinión que sea contraria a la tuya, simplemente asiente y di: "Respeto tu derecho a diferir". Resiste el impulso de persuadirlos a que estén de acuerdo contigo.

Día 24

Aprende a decir "no"

Yo te he glorificado en la tierra, y he llevado
a cabo la obra que me encomendaste.

JUAN 17:4 (NVI)

Jesús realizó muchos milagros con suma misericordia, pero había ocasiones en las que era consciente de que tenía que seguir con su camino al siguiente lugar para poder anunciar el evangelio. No obstante, los enfermos seguían acudiendo a Él, y sus discípulos realmente deseaban que Él los curara. En una ocasión, sus discípulos lo buscaron mientras estaba a solas orando. "Y hallándole, le dijeron: Todos te buscan. Él les dijo: Vamos a los lugares vecinos, para que predique también allí; porque para esto he venido" (Marcos 1:37-38). ¿Se negó el Señor realmente a llevar a cabo más milagros? La respuesta es sí. Sabía exactamente cuáles eran sus prioridades y mantuvo su objetivo. Por tanto, pudo decirle a su Padre antes de morir: "Yo te he glorificado en la tierra, y he llevado a cabo la obra que me encomendaste" (Juan 17:4, NVI). Ni más, ni menos.

¿Se te hace difícil decir que no, incluso cuando te están distrayendo de tu propósito y de tus objetivos? Para la mayoría de las personas, decir "sí" cuando realmente quieren decir "no" hace que su nivel de estrés aumente. Claro que cuando lo hacen, están intentando evitar consecuencias potencialmente negativas, tales como el rechazo, la pérdida de favor, etc. Si te encuentras con tal dilema, un buen ejercicio es detenerte un momento e imaginarte la situación entera de lo que piensas que pasaría si dijeras "no". La única forma de superar tu miedo o inseguridad en esta área es empezar a asumir pequeños riesgos hasta que finalmente te encuentres cómodo respondiendo un "no" firme. La sensación de haber cedido tu capacidad de elección a otra persona carcome tu sentido de valor como persona. Siempre que he hecho algo así en el pasado, me he sentido enojada conmigo misma y profundamente resentida hacia la persona a la que no me sentí capaz de desilusionar. Me sané de esta tendencia hace años y ahora disfruto de la libertad de poder vivir con mis propias elecciones. Vamos a ver si entras en práctica con un par de ejemplos.

Situación A. Tu amigo Agustín te acaba de pedir que le prestes 500 dólares hasta que se recupere económicamente. Sabes que es irresponsable con el dinero, y realmente no tienes el deseo de prestarle esta suma. Además, si cedieras, estarías recortando la reserva de tus ahorros de emergencia. Digamos que le respondes así: "Agustín, no puedo hacer eso". ¿Cómo crees que reaccionará? ¿Cómo afectará su reacción a tu calidad de vida posterior? ¿Se enfurruñará durante un tiempo, les dirá a todos sus amigos que eres un tacaño, intentará dañar tu imagen de una forma u otra? ¿Tienes la suficiente fuerza emocional para tratar con estas situaciones? ¿Es tan crucial a tu bienestar la relación que tienes con él, que prefieres prestarle el dinero a soportar tales consecuencias?

Situación B. Supongamos que Susana se traslada a la ciudad donde vive Ana y le pide que le deje vivir en su apartamento hasta que encuentre una casa. Sabe que Ana tiene una habitación extra. Ahora, Ana sabe que Susana es muy desordenada, mientras que a ella le gusta mucho tener las cosas en su sitio, hasta tal punto que el desorden tiene un gran impacto en su sensación de paz. Ana y Susana son amigas desde hace 20 años y tienen mucha relación. Susana siempre apoyó a Ana en todos sus momentos buenos y malos. Ana acaba de redecorar su casa para adecuarla a su estilo de vida y necesidades. La habitación extra que tiene la usa como oficina, excepto cuando tiene algún huésped ocasional el fin de semana.

¿Debería Ana decirle que no a Susana simplemente porque sería una inconveniencia? A veces un "no" no es una respuesta correcta o cristiana a una situación determinada. Aunque es bueno y emocionalmente saludable aprender a establecer límites, debemos evitar volvernos egoístas y no dispuestos a sacrificarnos por los demás. A veces un "sí" con límites bien establecidos ayudará mucho a preservar tu paz y tu relación con otras personas. Por ejemplo, Ana y Susana harían bien en ponerse de acuerdo sobre cuánto tiempo se va a quedar Susana. Además, es muy importante que Ana comunique todas sus manías desde cómo le gusta organizar el refrigerador hasta el toque de queda para que suene el teléfono. Me he encontrado con que una simple conversación no es suficiente. Creo firmemente en que estas preferencias se deberían dar por escrito y repasarlas con la persona en cuestión. Esto se puede hacer de forma divertida y amigable, para que no parezca tan impersonal. Por ejemplo, Ana le puede decir: "Susana, nunca conoces a una persona hasta que vives con ella, así que te quiero contar algunas de mis pequeñas manías y rarezas, y quiero que tú me cuentes las tuyas". Al poner las preferencias de Susana sobre la mesa, además de hacer un compromiso con su amistad, muestra consideración y sentido común por parte de Ana. Al mismo tiempo, evita que tengan que andar siempre con cuidado con respecto a la otra.

Estoy maravillada por la cantidad de gente que encuentra casi imposible mantener una conversación como la citada arriba. Que no te quepa duda: se vuelve más y más fácil cuanto más lo haces. Me atrevería a decir que todos mis amigos y huéspedes conocen mis preferencias, manías y rarezas. De hecho, en mi habitación de huéspedes tengo una breve lista de comportamiento preferido para todas los que nos visitan y se quedan a dormir una noche o durante una estancia más prolongada. Algunos me han pedido que les dé una copia para su propio uso. No se trata de una lista hecha con mala intención. Simplemente está diseñada para que su estancia sea cómoda y sin molestias tanto para ellos como para nosotros.

Los padres son otro grupo que sufrirían mucho menos estrés si tan solo fueran más fuertes y coherentes. He observado a niños que prueban los límites del mismo modo que un nadador prueba la temperatura del agua con los pies. Los niños quieren límites. Los necesitan.

Tengo un montón de sobrinos y sobrinas, y es increíble ver cómo reaccionan conmigo en contraste con sus padres que tienen una actitud de "todo vale". El castigo físico no es siempre la respuesta, pero tendría que haber consecuencias inmediatas e indeseables frente al mal comportamiento.

Finalmente, no te dejes manipular sutilmente para decir que "sí" debido a circunstancias obvias. Algunas personas no pedirán algo directamente, sino que irán lanzando indirectas. Si sabes que al decir "sí" a una petición indirecta o al suplir una necesidad vas a estar fomentando una actitud de dependencia, entonces ponte firme y di "creo que Dios está contigo y que lo arreglará todo". Por ejemplo, una amiga a la que llamaré "Ana" me llamó y me pidió que orara por su amiga Sara, que tiene problemas económicos parece que desde siempre. Cuando le pedí que me explicara un poco más sobre la situación de Sara, vi claramente que Ana y otros formaban parte del problema, siempre respondiendo personalmente a sus peticiones de oración por sus necesidades económicas. Ana no quería reconocer que estaba siendo manipulada. Le dije a Ana que en vez de orar por Sara, le pidiera a Dios que le quitara las escamas de sus propios ojos para que pudiera ver la situación tal como era y para que tuviera el valor de enfrentarse a Sara y ministrarle de una manera que impactara su vida de forma efectiva y duradera.

Aunque sea una palabra corta, "no" es una frase completa que te ayudará a bajar tu nivel de estrés y mantenerte cuerdo si la usas con sabiduría.

Día 25

Entiende que
nadie es perfecto

*Confiésense los pecados unos a otros y oren los
unos por los otros, para que sean sanados. La
oración ferviente de una persona justa tiene
mucho poder y da resultados maravillosos.*

Santiago 5:16 (ntv)

"Lo siento, me equivoqué". "¡Es error mío!". "No
lo sé". Estas son palabras que a algunas personas les
cuesta decir. Justo el otro día, hablaba con un hombre
que culpaba a su ex novia por tener a su hijo fuera del
matrimonio y por no obligarle a tener una relación con
su hijo durante los últimos 25 años.

—Ella debió haberme presionado más —dijo él—.
Hubiera reconocido y aceptado a mi hijo como parte de
mi vida. Pero ahora ya ha pasado mucho tiempo. Además, no le puse mi apellido.

—¿Es esa una excusa para no tener una relación con
él ahora? —le pregunté yo.

No importa donde vayas, parece que siempre hay
alguien que está presentando excusas por sus malas

decisiones, mal desempeño, comportamiento incorrecto o por no reconocer una deficiencia o debilidad.

Es difícil y estresante mantener una presencia intachable. Tarde o temprano, todos cometemos errores, juzgamos mal una situación o de alguna forma u otra nos equivocamos. Es inherente al ser humano. Aunque parezca extraño, una de las mejores formas de aprender es a base de cometer errores. No obstante, por temor de ser mal vistos o perder prestigio, con frecuencia intentamos ocultar nuestros errores, lo cual abre la puerta de par en par al estrés. Por otro lado, reconocer un error es una forma segura de eliminar el estrés. Es de gran alivio personal y de gran inspiración a otros cuando encuentras el valor y la confianza para reconocer tus errores sin permitir que te definan.

Un error sólo se convierte en una verdadera tragedia si no aprendes nada de él. Negarse a reconocer un error cierra la puerta al crecimiento. Escucha lo que dice el Señor cuando advierte a los israelitas a que aprendan de sus errores: "Así ha dicho Jehová: El que cae, ¿no se levanta? El que se desvía, ¿no vuelve al camino?" (Jeremías 8:4).

Al igual que Adán en el huerto del Edén, cuando intentó echarle la culpa a Eva por haber comido del fruto prohibido, muchas personas hacen todo lo posible por evitar aceptar su propia responsabilidad. Las circunstancias y otras personas pueden haber influido en nuestras decisiones; pero, a fin de cuentas, somos responsables por lo que hacemos. Cuando nos equivocamos, nuestra acción es decisión nuestra. Aarón hizo el becerro de oro en el desierto porque el pueblo se inquietaba por la ausencia de Moisés. Pero cuando regresó, Moisés le acusó a él, no al pueblo.

La mejor estrategia para afrontar tus errores es aceptar la responsabilidad total por ellos, determinar cómo no repetirlos y seguir adelante. Aunque suena simple, no es fácil. Puede preocuparte que los que te critican te vayan a juzgar con dureza, pero te aseguro que si sigues este patrón de tratar con los errores, se hará más y más fácil y servirá de inspiración a otros para imitar tu comportamiento. ¿Qué consigues cuando luchas por permanecer en ese "Pedestal del sin culpa"? Absolutamente nada, excepto más estrés. Cuando me pongo a la defensiva sin justificación, siento esa descarga de adrenalina que me da la energía necesaria para luchar en defensa de mi postura y evitar aceptar mi propia responsabilidad. En contraste, siento la paz de Dios cuando reconozco un error. Me relaja y me libera la mente para poder centrarme en el siguiente paso para tratar el problema.

Aparte de generar estrés, hay otro aspecto negativo de intentar estar siempre sin culpa. Cuando niegas tus errores y deficiencias, es probable que la gente diga que eres arrogante y orgulloso. La ironía es que los demás se relacionan mejor contigo y dirán que eres humilde cuando admites tus debilidades. La humildad es uno de los rasgos que más admira la gente en los demás; todo el mundo —orgullosos incluidos— detestan el orgullo.

Uno de los mejores ejemplos bíblicos de admitir un error se encuentra en el relato de David al ser perseguido injustamente por Saúl. David se convirtió en fugitivo y, sin saberlo, puso en peligro la vida de ciertos sacerdotes cuando solicitó su ayuda. El sacerdote Ajimélec le dio comida y una espada y consultó a Dios por él. Doeg, el principal de los pastores de Saúl, fue testigo de todo lo ocurrido y lo delató. Saúl se enfrentó con Ajimélec, le acusó de conspirar con David y ordenó a Doeg matar a él y a otros 85 sacerdotes junto con sus familias. "Pero Abiatar, que era uno de los hijos de Ajimélec hijo de Ajitob, logró escapar y fue en busca de David. Cuando lo encontró, lo puso al tanto de cómo Saúl había ordenado matar a los sacerdotes del Señor. Entonces David le dijo a Abiatar: 'Cuando vi a Doeg el edomita en Nob, me imaginé que él iría a decirle a Saúl que me había visto. Yo tengo la culpa de que hayan matado a toda la familia de tu padre'" (1 Samuel 22:20-22, RVC). ¡Menudo reconocimiento de culpa! ¡No da excusas! Simplemente un reconocimiento de haber cometido un error al buscar su ayuda. Su siguiente declaración muestra su compromiso por no repetir el error con el único superviviente: "Pero quédate conmigo y no tengas miedo, pues quien busca matarme también te buscará a ti, pero conmigo estarás a salvo" (1 Samuel 22:23, RVC).

Los humanos cometemos errores. Tenemos puntos ciegos. Pero Dios está presente para sostenernos en todas nuestras debilidades. Tendremos paz cuando empecemos a confesar nuestros errores los unos a los otros.

Día 26

Vive según tus valores

Miré yo luego todas las obras que habían
hecho mis manos, y el trabajo que tomé para
hacerlas; y he aquí, todo era vanidad y aflicción
de espíritu, y sin provecho debajo del sol.

Eclesiastés 2:11

¿Qué principios guían tu vida? ¿Qué impulsa tu comportamiento? ¿Te dedicas a la búsqueda de las cosas buenas que ofrece la vida? ¿O quizá persigues cierta posición social o te motiva el simple deseo de hacer todo lo que haces a la perfección? Sea cual sea tu motivación, ¿merece la pena el estrés que te causa? Veamos cómo trató nuestro Señor el estrés autoimpuesto de una mujer en particular.

Un día, Jesús y sus discípulos fueron a visitar a Marta y María. Marta, una anfitriona excelente, hacía todo lo posible para que todo estuviese a punto para sus invitados. María, en cambio, tenía una perspectiva diferente. Decidió sentarse a los pies de Jesús y escucharle hablar. A Marta no le pareció nada bien esa actitud. Necesitaba que María le echase una mano, por lo que apeló al Señor.

Pero Marta se preocupaba con muchos quehace-res, y acercándose, dijo: Señor, ¿no te da cuidado que mi hermana me deje servir sola? Dile, pues, que me ayude. Respondiendo Jesús, le dijo: Marta, Marta, afanada y turbada estás con muchas cosas. Pero sólo una cosa es necesaria; y María ha escogido la buena parte, la cual no le será quitada" (Lucas 10:40-42).

Para sorpresa de Marta, Jesús respaldó a María. El comportamiento de María comunicaba lo siguiente: "Valoro esta oportunidad de sentarme a los pies de Jesús y deleitarme en sus palabras, por lo tanto, es precisamente aquí donde voy a invertir mi tiempo y mi energía". El tema central de este relato no es la oración, sino cómo alinear nuestros valores con nuestro comportamiento. Marta no era una mala persona. Simplemente tenía los valores mal priorizados.

Los valores nos sirven de compás interno. Incluso las grandes empresas desarrollan principios basados en sus valores, y estos dictan sus decisiones. Muchos de ellos los enmarcan y cuelgan en sus pasillos y salones para que todos los empleados puedan verlos y adoptarlos. También sirven a la misma empresa como recordatorio de sus obligaciones. Cierta organización cristiana muy popular tiene como uno de sus valores fundamentales la importancia de la familia. Por lo tanto, no es su política hacer que los empleados trabajen horas extras, salvo en casos en los que resulta absolutamente imprescindible. Sus políticas de recursos humanos también impulsan la conciliación entre la vida laboral y la familiar.

Puesto que los valores son nuestro sistema interno de navegación, cuando escogemos un plan de acción que no es coherente con esos valores, el resultado con frecuencia es el estrés. Consideremos algunos de los valores bíblicos que pueden ayudarnos a minimizar el estrés en nuestras vidas.

La soberanía de Dios. "Me viste antes de que naciera. Cada día de mi vida estaba registrado en tu libro. Cada momento fue diseñado antes de que un solo día pasara" (Salmo 139:16, NTV). Podemos vivir confiados sabiendo que Dios tiene la última palabra en relación a todo lo que nos afecta. La realidad fundamental es que tenemos un destino predeterminado. Aunque Dios no nos revela la sinfonía de nuestras vidas de principio a fin, sí espera que sigamos su guía como director.

Por ejemplo, en el ámbito profesional, Él es quien determina el momento de nuestros ascensos, nuestro contacto con personas de influencia, y todos los demás detalles de nuestra carrera profesional. Resulta un insulto a su omnipotencia intentar conseguir un ascenso en el trabajo mediante la traición, las maquinaciones políticas deshonestas, las maniobras estratégicas y otras actividades estresantes. Ello no significa que no debamos trabajar de forma excelente o expresar nuestros deseos y preferencias a los que tienen el poder de decisión. Además, tenemos la obligación de aprovechar todas las oportunidades que nos presenta y tratar con todas las personas clave que traiga a nuestras vidas. El aspecto clave es dónde ponemos nuestra fe, en nuestros propios esfuerzos o en la soberanía de Dios.

La integridad. "La integridad de los rectos los encaminará" (Proverbios 11:3). Si conducimos nuestros asuntos con integridad, conoceremos la paz que viene de saber que hemos actuado bien a ojos de Dios. La integridad no es meramente ser honesto o decir la verdad, sino hacer que lo que dices sea verdad. Es cuestión de cumplir con tu palabra. Cuando los demás saben que pueden confiar en tu palabra, se elimina también el estrés de la otra persona. Conozco a una persona que rara vez cumple su palabra. Cuando me promete algo, ni me atrevo a esperar que lo vaya a cumplir. En Salmos 15:4, David declara que una de las características del que estará en la presencia de Dios es que "cumple lo prometido aunque salga perjudicado" (NVI).

La humildad. La humildad no es sentirse no digno de algo, más bien se trata de una actitud que acepta tanto los puntos fuertes dados por Dios como las debilidades que Él permite. Cuando aceptamos ambos lados de la moneda, estamos en paz. Nuestros puntos fuertes no deben hacernos orgullosos. Nuestras debilidades no han de provocarnos ansiedad, porque como Dios declaró al apóstol Pablo: "Bástate mi gracia; porque mi poder se perfecciona en la debilidad" (2 Corintios 12:9).

La igualdad. Ninguna persona es mejor o más importante que otra. Hay quienes simplemente han tenido más acceso a lo que el mundo tiene que ofrecer, han conseguido más educación, o han sido llamados a ocupar cargos de autoridad y responsabilidad. Pero nadie es intrínsecamente mejor que otro. Nadie. Al pie de la cruz de Cristo el terreno es llano. Sea cual sea nuestra condición en la vida, hemos de tratar a todo el mundo con el mismo respeto.

La generosidad. "Den, y recibirán. Lo que den a otros les será devuelto por completo: apretado, sacudido para que haya lugar para más, desbordante y derramado sobre el regazo. La cantidad que den determinará la cantidad que recibirán a cambio" (Lucas 6:38, NTV). Cuando damos es cuando más nos parecemos a Dios, y jamás podremos ganarle en este aspecto. No tenemos por qué sentir ansiedad de no tener suficiente si abrimos nuestra mano generosamente a los demás.

Esta lista de valores cristianos no pretende ser exhaustiva. Es posible que en tu lista figuren otros. Lo que importa es que permitas que tus valores fundamentales lleguen a convertirse en el motor de tus acciones. El comportamiento contradictorio a estos valores te quitará la paz.

Día 27

Busca la paz

*La paz les dejo, mi paz les doy; yo no la
doy como el mundo la da. No dejen que
su corazón se turbe y tenga miedo.*

Juan 14:27 (RVC)

La paz mental es el bien más valioso del mundo.
Todos desean paz interior pero no todos la encuentran,
porque la buscan en la fama, el éxito, los amigos, los
ascensos, el poder, la atención, el dinero o las posesiones. La buscan en los sitios equivocados. Nada externo producirá jamás paz mental. Las incertidumbres de
la vida moderna pueden mantenernos en un estado de
ansiedad respecto a temores reales e imaginarios. Veamos brevemente algunos de los requisitos básicos para
la tranquilidad interior.

*Priorizar todo aspecto de tu vida según la Palabra de
Dios.* Hay dos aspectos de nuestras vidas en las que debemos colocar primero lo primero para experimentar paz:
las relaciones y las finanzas. Dios y la familia —en ese
orden— deben ocupar sus lugares apropiados en nuestros
corazones *y* horarios. Los medios de comunicación nos

bombardean semanalmente con las noticias de las últimas rupturas de parejas que han logrado fama y fortuna. Cuando las parejas se separan, resulta evidente que una o ambas partes no están en armonía con los mandatos de Dios para las relaciones exitosas. Sin embargo, cuando ambos marchan al son del mismo tambor, caminarán juntos al mismo ritmo.

Obedecer las prioridades financieras de Dios eliminará la ansiedad y la inseguridad respecto a tu capacidad futura de mantener la riqueza que has ganado como resultado de tu éxito. Cuando amontonas tu riqueza sobre ti mismo, compras posesiones para aumentar tu valor y cierras los oídos a los necesitados, experimentarás inquietud emocional.

Espera más de Dios y menos de las personas. ¿Alguna vez tuviste grandes expectativas sobre alguien que te falló o que frustró tus esperanzas? Los seres humanos son propensos a desilusionarnos; no necesariamente a propósito, pero simplemente porque son meros humanos, hechos del polvo de la tierra. Debemos extenderles la misma gracia que nuestro Padre hace con nosotros cuando no cumplimos sus expectativas.

En su lecho de enferma terminal, mi mentora, la difunta doctora Juanita Smith, explicó cómo había tratado con las personas que la habían desilusionado o lastimado. Dijo: "Todos lastimamos a las personas. Muchas veces la gente no sabe que nos han herido. Por eso debemos liberar a todos. Tenemos que perdonar". Ella sabía que Dios tenía un propósito divino al permitirle sufrir expectativas fallidas; ella sabía también que Él le había dado su gracia para tolerarlas.

Reconocer a Dios en todas nuestras decisiones. Puesto que la mayoría de nosotros solemos actuar como "hacedores humanos" en lugar de como "seres humanos", no invertimos el tiempo necesario para confirmar si estamos o no bajo la voluntad de Dios. En cambio, perseguimos inmediatamente la primera gran idea que aparece en nuestras mentes. Nada es más frustrante que descubrir que después de haber dedicado un tremendo esfuerzo a una tarea, Dios viene y dice: "No".

Josafat, uno de los buenos reyes de Judá, aprendió esto cuando formó una sociedad con el maligno rey de Israel para construir una flota de buques mercantes. Dios le envió un mensaje devastador: "'Por cuanto has hecho compañía con Ocozías, Jehová destruirá tus obras. Y las naves se rompieron, y no pudieron ir a Tarsis" (2 Crónicas 20:37). Piensa en todos los gastos de capital, el coste en mano de obra y la energía mental involucrados en tal empresa. No se recuperó nada; todo había sido hecho en vano. A veces Dios extiende su gracia y nos salva de la situación; otras veces se sienta de brazos cruzados y nos permite aprender la lección de que toda *buena* idea no es una idea de *Dios*.

Cultivar una actitud de contentamiento. Las personas emocionalmente seguras han *aprendido* a practicar la paz. El apóstol Pablo dijo: "No lo digo porque tenga escasez, pues he aprendido a contentarme, cualquiera sea mi situación. Sé vivir humildemente y sé tener abundancia; en todo y por todo estoy enseñado, así para estar saciado como para tener hambre, así para tener abundancia como para padecer necesidad" (Filipenses 4:11-12).

Algunas personas tienen pensamientos que van hacia un extremo y suponen que Dios quiere que ellos tengan muy poco. Por lo tanto, ensalzan las virtudes de la pobreza y la negación de las cosas materiales como la clave para la paz y el contentamiento. El profesor de Biblia Chip Ingram dijo una vez: "La prosperidad no tiene el poder de darnos contentamiento, ni la pobreza el poder de quitárnoslo".

Eliminar toda injusticia. La justicia es simplemente estar en buena posición ante Dios. Caminar rectamente ante Él es básico para la paz interior. Debemos hacer la conexión y comprender que "la justicia y la paz se besaron" (Salmo 85:10). Hay una estrecha relación entre hacer las cosas bien y experimentar la paz. El pecado nos desconecta de nuestra fuente de poder, el único Dios que nos permite ser competentes y suficientes para cada tarea. Vivir con una moral elevada nos coloca bajo su protección y nos escuda ante la incertidumbre que acosa a los que son desobedientes.

Hay una seguridad serena, un sentido de paz que emana de quienes confían en el Señor. No tienen una mentalidad de escasez que les hace dudar de ayudar a los demás; cooperan gozosamente. Saben que su destino está sellado. Las personas seguras andan en paz porque han aprendido a inmovilizar sus *pensamientos* negativos aunque sus *circunstancias* negativas puedan predominar. Están libres de la turbulencia emocional. Saben que para andar en confianza suprema, deben dejar de lado todo pensamiento que no sea coherente con lo que conocen de Dios.

Teniendo en cuenta la verdad de Salmos 139:16, que nos recuerda que todos los días ordenados para nosotros fueron escritos en el libro de Dios antes de que sucediera uno de ellos, nombra una cosa por la que hayas decidido dejar de quejarte. ¿Cómo cambiarás tu conducta o conversación como resultado de esta decisión?

Mira hacia el futuro

Porque yo sé muy bien los planes que tengo para ustedes —afirma el Señor—, planes de bienestar y no de calamidad, a fin de darles un futuro y una esperanza.

Jeremías 29:11, nvi

No hay nada más gratificante y vivificante que vivir según el propósito que Dios tiene para tu vida, incluso cuando la oposición parezca insoportable u otras distracciones amenacen con eclipsarlo. Trabajé como ejecutiva financiera durante más de 30 años, y cada cargo que ocupé en el mundo corporativo fue sumamente estresante y requirió que trabajara horas extras. Muchas veces, después de un día largo y exigente, llegaba a casa por la noche sintiéndome con el cerebro muerto. No obstante, parecía que incluso cuando estaba más fatigada, experimentaba un aumento de energía, claridad y entusiasmo al sentarme ante la computadora y comenzar a escribir las revelaciones que Dios me había dado. Las Escrituras parecían cobrar vida con aplicaciones prácticas. Esto sigue siendo cierto hoy cuando estoy experimentando incluso más fatiga. En esos momentos, sé sin lugar a dudas que estoy andando en mi propósito divino. La satisfacción personal que siento es indescriptible.

¿Qué hay de tu vida? ¿Tienes un sentido claro de por qué Dios te colocó sobre la tierra, o estás conduciendo a la deriva por la autopista de la vida sin un destino en mente? Una existencia sin propósito es un gran obstáculo para la seguridad emocional. ¿Cómo puedes andar con confianza suprema y la total garantía de que Dios te hará triunfar en tus esfuerzos si no sabes con certeza que estás en su camino? Lamentablemente, este es el estado de muchos hijos de Dios. No están totalmente seguros del propósito divino para su vida, y marchan penosamente a través de sus rutinas diarias, insatisfechos y frustrados. Esta no es la "vida abundante" que Jesús prometió en Juan 10:10.

Puesto que andar en un propósito es tan energizante, parece que si alguien duda acerca de cuál es su propósito, una pregunta clave que uno se haría sería: "¿Qué es lo que me da energía y cómo puedo usar esta energía para mejorar la vida de los demás?". Por cierto, cada uno tiene algún nivel de pasión por algo. Por supuesto, he hablado con personas que dicen que no tienen pasión por nada. Creo que lo que en realidad quieren decir es que no tienen fe para creer que, en efecto, podrían hacer lo que realmente desean de corazón.

Es mi deseo que todos podamos experimentar la sensación emocionante de estar viviendo en nuestro carril designado. Cuando conducimos en las autopistas, con frecuencia vemos un cartel que dice "Solo camiones". De

inmediato sabemos que determinada porción de la autopista ha sido apartada para facilitar el paso de camiones
grandes y para evitar que los automóviles se quedan atas-
cados en el tráfico. En consecuencia, todos los vehículos
pueden llegar a su destino más rápidamente si cada uno
se mantiene en su carril respectivo. Lo mismo ocurre
cuando estás seguro de tu propósito. Te quedas en tu
carril. No te ves atrapado intentando seguir el camino
exacto de los demás. No tomas la salida de la calle principal solo porque es la ruta que toma María para llegar
a su destino. Comienzas a comprender que tu propósito
puede estar en una calle trasera lejos del tránsito normal.

No comprender el propósito de uno puede ser un gran
obstáculo para la seguridad emocional. Puesto que crecí
en una denominación que abrazaba un estilo sumamente
emocional en su predicación, luchaba con la inseguridad
en cuanto a mi llamado a ser maestra. Me sentía incompetente y me disculpaba cuando organizaciones de esta
denominación me invitaban para hablar. Siempre les
advertía que "solo soy una maestra". Si yo hubiera sabido
que estaba andando en mi propósito divino, no hubiera tenido necesidad de pedir disculpas. Finalmente, mi
esposo me ayudó a entender que mi don de enseñanza
es el "carril" que Dios ha ordenado para mí. No tengo
que imitar el estilo de nadie. Dios sabe qué necesitan sus
hijos, y muchos de ellos simplemente son más receptivos
a estilos particulares de hablar. Si un orador elige "hacer
sonar la bocina" mientras conduce, no hay necesidad de
que yo haga lo mismo sólo porque parece atraer la atención de todos. Como en el ejemplo del camión citado

anteriormente, tengo que respetar lo que él hace en su carril en lugar de criticarlo.

También debemos tener el cuidado de *permanecer* en nuestro carril y evitar las distracciones. Jesús permaneció en su carril y se negó a que nadie lo desviara de su propósito principal. Un día mientras estaba enseñando, fue interrumpido con una petición que podría haberle distraído de su propósito.

"Uno de la multitud le dijo: 'Maestro, dile a mi hermano que comparta conmigo la herencia'. Pero Jesús le dijo: 'Hombre, ¿quién me ha puesto como juez o mediador entre ustedes?' (Lucas 12:13-14, RVC). En esencia, Jesús estaba diciendo: "Miren, no voy a distraerme actuando como árbitro entre ustedes dos. Eso no forma parte de mi propósito aquí en la tierra".

Ahora bien, debo confesar que me resulta difícil resistirme a la tentación de involucrarme en asuntos que no son parte de lo que Dios me ha llamado a hacer. En el pasado, con frecuencia he rescatado a gente para su perjuicio... y el mío. Todavía estoy aprendiendo a distinguir entre "puedo hacerlo" y "mi llamado a hacerlo". Simplemente porque seamos capaces de realizar una tarea no siempre quiere decir que Dios nos esté llamando a hacerla.

Incluso hasta el día en que Jesús dio su vida en la cruz, aún había muchas personas enfermas que necesitaban sanidad, personas esclavas que necesitaban liberación, y una miríada de otras situaciones imposibles que necesitaban su atención. A pesar de los problemas sin resolver, Él, con confianza, le dio a su Padre celestial este informe sobre su ministerio: "Yo te he glorificado en la tierra, y he llevado a cabo la obra que me encomendaste" (Juan 17:4, NVI). Se negó a dejar que Satanás, sus propios discípulos, miembros de la familia con buenas intenciones, personas necesitadas, ni nadie más lo distrajeran de su propósito.

¿Qué hay de tu vida? ¿Sabes cuál es tu propósito divino? ¿Lo estás persiguiendo ardientemente? Si todavía no sabes cuál es, piensa si estás abordando su búsqueda desde la perspectiva de cómo mejorará tu vida en lugar de las vidas de los demás.

Día 29

Enfréntate a tus temores

Y aconteció que cuando el filisteo se levantó y echó a andar para ir al encuentro de David, David se dio prisa, y corrió a la línea de batalla contra el filisteo.

1 Samuel 17:48

¿Estás listo para tomar tu espada de fe y cortarle la cabeza al gigante que te está intimidando? Tu mejor estrategia siempre será atacar a un gigante antes de que él tenga la oportunidad de sacar lo mejor de ti. Eleanor Roosevelt decía: "Obtienes fuerza, valor y confianza con cada experiencia en la que realmente miras al miedo a la cara".

Ya sean reales o imaginarias, todas las amenazas se perciben como un potencial para la pérdida. Puede ser falta de reconocimiento, pérdida de favor, pérdida de afecto, o incluso la pérdida de una relación deseada. La libertad empieza cuando nos detenemos y hacemos una confesión sincera de la pérdida a la que realmente le tememos.

Identificar tus temores reales es un paso enorme para liberarse del gigante de la inseguridad. Para hacerlo, debes atravesar el proceso de pelar la "cebolla del temor" para llegar al centro de tu ansiedad o sentido de incompetencia. Según como haya sido tu historial de ser sincero contigo mismo, puede que tengas que pelar muchas más capas de las que esperabas.

Cuando desempeñaba un cargo financiero clave para una determinada corporación, sabía que la junta de directores de la empresa me tenían estima como una profesional competente. Me costó mucho mantener mi imagen ante sus ojos. Durante una reunión de la junta en particular, una de los miembros presentó una propuesta para invertir con los fondos inactivos de la organización. Ella dijo que probablemente obtendríamos un beneficio mucho más alto del que estábamos obteniendo con nuestra estrategia actual. Mientras continuaba explicando su recomendación, sentí que la ansiedad empezaba a asomar su fea cabeza. Habiendo comenzado mi estudio sobre la inseguridad unos días antes, estaba preparada para desafiar y rechazar su intromisión en mi vida. Ahora veía que eso no iba a ser sencillo.

Cuanto más explicaba ella su propuesta, más atacaba Satanás mi mente. *¿Por qué no he presentado yo esa idea? Ahora van a pensar que después de todo no soy tan brillante. ¿Por qué no me contó primero la idea a mí antes de presentarla ante la junta?* Paré de inmediato mis imaginaciones y me hice la siguiente pregunta: "¿A qué le tengo miedo?" La repuesta fue rápida y dolorosa. Temía la pérdida de su estima hacia mí. Temía que los elogios que recibía en cada junta cesaran. ¡Dios no lo permita! Yo amaba esas alabanzas. Trabajaba muchas horas sin compensación para ser excelente, y, sí, para ser reconocida por serlo. Ahora había alguien amenazando mi posición en el pedestal. Y para colmo, la presentadora ni siquiera tenía una trayectoria financiera.

Como Saúl cuando se sintió amenazado por la pérdida de su reino ante David, sentí enojo hacia esta mujer. Sin embargo, a diferencia de Saúl, yo no iba a permitir que la inseguridad hiciera estragos en mi vida. Había aprendido de su error. Respiré profundamente y recité en silencio 2 Corintios 10:5: "Derribando argumentos y toda altivez que se levanta contra el conocimiento de Dios, y llevando cautivo todo pensamiento a la obediencia a Cristo". Mis pensamientos estaban fuera de control. Rápidamente los frené. Sabía que reconocer mi verdadero temor me colocaría en el carril rápido hacia la libertad. *¿Y qué si ella presentó un buen plan para maximizar nuestros beneficios gracias al efectivo inactivo?* —medité. ¿Cómo podría eso impactar en mi calidad de vida? A no ser, por supuesto, que mi vida estuviera dedicada a tratar de ser la "Mujer Maravilla" que siempre tiene la respuesta para cada problema.

Al sugerirme que una pérdida de algún tipo era inminente, Satanás ya había plantado la semilla de la inseguridad. Sin embargo, habiendo reconocido mi temor central, rápidamente desarmé su plan. Esta es la estrategia que debemos utilizar con los pensamientos de inseguridad; debemos atacarlos en su etapa prematura. La propia naturaleza de un ataque implica una acción proactiva, agresiva.

David no se quedó parado allí esperando que el gigante se acercara y lo sojuzgara. "Y aconteció que cuando el filisteo se levantó y echó a andar para ir al encuentro de David, David se dio prisa, y corrió a la línea de batalla contra el filisteo. Y metiendo David su mano en la bolsa, tomó de allí una piedra, y la tiró con la honda, e hirió al filisteo en la frente; y la piedra quedó clavada en la frente, y cayó sobre su rostro en tierra" (1 Samuel 17:48-49). No más diálogo. El gigante debía morir.

Afortunadamente, la batalla que libramos con el gigante de la inseguridad no la luchamos solos. Dios quiere lucharla por nosotros. Como le dijo Hanani al rey Asa: "Los ojos del Señor recorren toda la tierra para fortalecer a los que tienen el corazón totalmente comprometido con él" (2 Crónicas 16:9, NTV). Todo lo que Él quiere de nosotros es que nos comprometamos totalmente con Él.

Nuevamente, la historia comienza cuando empezamos a tomarnos en serio lo que tememos y la pérdida que nos espanta. Responder las preguntas correctas puede ser como usar el escalpelo de un cirujano para llegar a la raíz de tus temores. No te mientas a ti mismo. Ha llegado el momento de ser sincero. Ha llegado el momento de matar al gigante de la inseguridad. Contesta las siguientes preguntas a fin de empezar el proceso de pelar la "cebolla del temor".

¿Qué situación o escena hace que te sientas insegura? ¿A qué le temes en realidad? ¿Hay alguna base racional para ese temor? ¿Cómo te hace comportarte esta inseguridad? ¿Es esta una respuesta piadosa? Si no lo es, ¿qué conducta crees que Dios consideraría apropiada?

Aunque podría ser un poco difícil, este ejercicio

también puede resultar liberador. El mejor beneficio que proporciona es que te abres respecto al problema, lo enfrentas y desarrollas un plan para superarlo. Dale Carnegie advirtió: "Haz lo que temes hacer y sigue haciéndolo. Esa es la forma más rápida y más segura descubierta hasta ahora para conquistar el miedo".

Día 30

Cosecha la recompensa

¿Qué recompensa se le dará a quien venza a este
filisteo y libre a Israel de semejante afrenta.

1 Samuel 17:26, rvc

Matar a cualquier gigante de tu vida tiene sus recompensas. Cuando David llegó por primera vez al campo de batalla y vio al pueblo de Dios huyendo del filisteo incircunciso, quiso inmediatamente saber cuál sería su recompensa por matarlo. Los hombres respondieron: "A quien lo venza, el rey Saúl lo colmará de riquezas y, además, le dará a su hija en matrimonio, y su familia quedará libre de pagar tributos" (1 Samuel 17:25, rvc). Estoy segura de que estas tres recompensas le dieron un gran incentivo para matar al gigante. Pero también era parte del destino de David hacerlo. Veamos algunas de las recompensas tangibles e intangibles por matar al gigante de la inseguridad.

Matar al gigante de la inseguridad te libera de la esclavitud de la incompetencia que ha impedido que persiguieras tus sueños. Digamos que tu inseguridad está en el área de hablar en público y que hay un cargo muy bien pagado disponible en tu compañía que requeriría que hicieras presentaciones formales de manera periódica. Conoces bien el material, pero la idea de ponerte de pie incluso frente a un grupo pequeño te hace sentir un nudo en el estómago. Pero podrías realmente sacar provecho al incremento de sueldo. ¿Qué haces? Bueno, no te sientes de brazos cruzados y derroches una oportunidad. Recuerda que la confianza tiene su raíz en el conocimiento. Si tienes la competencia técnica, ya estás a medio camino de tu meta. Solicita el puesto. Cree que Dios se mostrará fuerte y te ayudará con tus presentaciones. Mientras tanto, cuando estás andando en fe, únete a un club local de Toastmasters, toma una clase de oratoria en la universidad, o compra CDs que te den sugerencias para vencer el miedo escénico. Corre hacia el gigante.

He tenido varios empleados durante el transcurso de mi carrera profesional que lucharon contra la inseguridad. De tanto en tanto seleccioné a algunos para que fueran el objetivo de mi "amor duro" y les exigí un nivel de desempeño mucho mayor porque sabía que ellos tenían el potencial. Muchos regresaron y me informaron de su éxito, dándome las gracias por creer en ellos y por empujarlos más allá de su zona de comodidad. Estoy comprometida no solo con matar a los gigantes de mi vida, sino con ayudar a los demás a matar a los suyos. Los hijos de Dios no tienen excusa para vivir con inseguridad cuando Él nos ha prometido que podemos hacer todas las cosas a través de Él, que nos fortalece.

Una de las recompensas intangibles más importantes al matar un gigante es la inspiración que les da a los demás para matar a sus gigantes. Nadie en el ejército del rey Saúl había matado un gigante. En contraste, después de que David matara a Goliat, otros cuatro hombres, incluyendo su sobrino Jonatán, mataron a los gigantes que atacaron a los israelitas. Leo con gran satisfacción y deleite el relato del encuentro de Jonatán con un gigante:

> *Después, hubo otra guerra en Gat, donde había un gigante con doce dedos en las manos y doce dedos en los pies. También éste descendía de los gigantes, y se atrevió a desafiar al ejército de Israel, pero le dio muerte Jonatán hijo de Simea, que era hermano de David (2 S. 21:20-21, RVC).*

¡Qué marcado contraste entre cómo Israel trató con un gigante *antes* de que David matara a Goliat y el valor que desarrollaron *después* de que lo matara! Observa en el pasaje anterior que nadie huye. También hay una ausencia conspicua de fanfarria en el relato de este evento. No hay un relato detallado del diálogo que se dio entre Jonatán y el gigante como lo hubo con David y Goliat. La Biblia declara simplemente que cuando el gigante se mofó de Israel, Jonatán "lo mató". David había establecido una nueva pauta.

Hasta 1954, nadie había corrido una milla en menos de cuatro minutos. Era el gigante inconquistable en el mundo de los que corrían carreras. La mayoría de las personas suponía que era prácticamente imposible que un ser humano lograra tal proeza; es decir, todos excepto Roger Bannister. El estudiante de medicina británico de 25 años utilizó sus conocimientos de medicina para que le dieran tanta ayuda como fuera posible. También investigó los aspectos mecánicos de correr y usó métodos científicos de entrenamiento. El 6 de mayo de 1954, en una pista de la Universidad de Oxford, Roger Bannister completó la distancia en tres minutos y 59,4 segundos. Había matado al gigante. Lamentablemente, Roger nunca ganó una medalla olímpica, porque el australiano John Landy rompió su récord a los dos meses, demostrando que la milla en cuatro minutos era una barrera tanto psicológica como física. No obstante, Bannister había establecido la norma.

El Monte Everest es el pico más alto de la tierra por encima del nivel del mar, con una altura de aproximadamente 8.800 metros. Una expedición normal tarda entre 60 y 90 días. Durante la primera mitad del siglo XX, muchas personas atacaron la formidable montaña. Era el gigante inconquistable en el mundo de los escaladores. El 29 de mayo de 1953, Edmund Hillary y su guía serpa, Tenzing Norgay, fueron los primeros humanos en llegar a la cima. Hillary fue nombrado caballero por su proeza. Desde entonces, aproximadamente mil escaladores, que van desde los 16 a los 60 años, han completado la expedición.

David, Bannister y Edmund Hillary conquistaron a los gigantes de su época e inspiraron a otras personas para que igualaran o superaran sus proezas.

Cuando huimos de nuestros gigantes, nos hacemos a nosotros y a los demás un mal servicio. Debemos dejar de temer ocuparnos de tareas difíciles. Si Dios lo hizo entonces, puede hacerlo de nuevo.

¿A qué persona admiras por ser el primero en lograr una determinada proeza? ¿Sueñas con hacer algo que nunca nadie hizo antes? Medita en oración por qué Dios continúa permitiéndote soñar. ¿Podría ser que alguien esté esperando que tú fijes la norma en dicha área?

Epílogo

Ahora que has aprendido a identificar y controlar tus emociones, y has conocido a otras personas con ideas similares a lo largo de estas páginas, considera tus opciones, y, sí, tienes opciones. Con cada "reto emocional" que enfrentas, puedes elegir no reaccionar en absoluto, o establecer una nueva normalidad: una nueva manera de responder que mejorará la calidad de tu vida.

Puedes empezar por cambiar tu perspectiva: que sea un hábito buscar siempre la perspectiva divina. Antes de reaccionar a cualquier situación, cree que todas las cosas cooperan para tu bien según un propósito divino. Cuando tienes una relación correcta con Dios, ese modo de pensar guardará tu bienestar mental. Nunca serás un víctima, nunca te sentirás incompetente, y nunca tendrás una actitud incorrecta cuando estés convencido de que en última instancia Dios está haciendo algo bueno por ti.

Es mi esperanza que los capítulos anteriores te hayan dado no solo un fundamento bíblico, sino algunas herramientas prácticas para tener tus emociones bajo control. Cuestiona siempre tus creencias fundamentales acerca de Dios y de quién eres en Él cuando dan lugar a pensamientos perturbadores y emociones negativas. Aprende a reconocer las mentiras de Satanás. Sí, muchos pensamientos erróneos e ideas irracionales seguirán bombardeando tu mente de vez en cuando. Ten por seguro que son falsos, incluso cuando parezca que ves un poco de verdad en ellos. Eso es lo que hace que una mentira sea creíble, ¡esa diminuta parte de verdad! El apóstol Pablo nos dejó con el único antídoto a este dilema: "Derribando argumentos y toda altivez que se levanta contra el conocimiento de Dios, y llevando cautivo todo pensamiento a la obediencia a Cristo" (2 Corintios 10:5).

Por último, no seas tan duro contigo mismo si no respondes siempre a la perfección, y las emociones negativas parecen prevalecer. Dios envió al Espíritu Santo para ayudarte, y Jesús está sentado a la diestra del Padre para interceder por ti. No pienses que vas a tener una vida llena de fracasos. Despídete del estrés debilitante, las actitudes equivocadas y la inseguridad. Da la bienvenida a la paz, a las actitudes positivas y al poder sobre los pensamientos erróneos.

ISBN: 978-0-8254-1594-1

ISBN: 978-0-8254-1601-9

ISBN: 978-0-8254-1602-6

ISBN: 978-0-8254-1604-0

ISBN: 978-0-8254-1842-6

ISBN: 978-0-8254-1808-2

La combinación perfecta de anécdotas, preguntas para hacerte reflexionar y principios bíblicos te ayudarán a tener más control sobre estos aspectos de la vida en solo treinta días.

Disponibles en su librería cristiana favorita o en www.portavoz.com

La editorial de su confianza

Necesitamos la ayuda de Dios... ¡y rápido! Deborah Smith Pegues, especialista en comportamiento humano y autora de *Controla tu lengua en 30 días* (con más de 280.000 copias vendidas), ofrece a los lectores una guía de oración para momentos de crisis que cubre todas las circunstancias y necesidades de la vida actual. Breves, inmediatas y sinceras, estas oraciones traen la Palabra de Dios a la mente del lector que levanta gritos pidiendo:

- Ayuda en medio de las batallas del hogar
- Orientación y control financieros
- Poder para resistir las tentaciones
- Guía en las decisiones importantes
- Consuelo en medio del dolor

ISBN: 978-0-8254-1792-4

Disponible en su librería cristiana favorita o en www.portavoz.com

La editorial de su confianza